Jean-Marc Ausset

La miséricorde et la fidélité de Dieu dans le livre de Ruth

Jean-Marc Ausset

La miséricorde et la fidélité de Dieu dans le livre de Ruth

Les fruits de l'amour divin

Éditions Croix du Salut

Impressum / Mentions légales
Bibliografische Information der Deutschen Nationalbibliothek: Die Deutsche Nationalbibliothek verzeichnet diese Publikation in der Deutschen Nationalbibliografie; detaillierte bibliografische Daten sind im Internet über http://dnb.d-nb.de abrufbar.
Alle in diesem Buch genannten Marken und Produktnamen unterliegen warenzeichen-, marken- oder patentrechtlichem Schutz bzw. sind Warenzeichen oder eingetragene Warenzeichen der jeweiligen Inhaber. Die Wiedergabe von Marken, Produktnamen, Gebrauchsnamen, Handelsnamen, Warenbezeichnungen u.s.w. in diesem Werk berechtigt auch ohne besondere Kennzeichnung nicht zu der Annahme, dass solche Namen im Sinne der Warenzeichen- und Markenschutzgesetzgebung als frei zu betrachten wären und daher von jedermann benutzt werden dürften.

Information bibliographique publiée par la Deutsche Nationalbibliothek: La Deutsche Nationalbibliothek inscrit cette publication à la Deutsche Nationalbibliografie; des données bibliographiques détaillées sont disponibles sur internet à l'adresse http://dnb.d-nb.de.
Toutes marques et noms de produits mentionnés dans ce livre demeurent sous la protection des marques, des marques déposées et des brevets, et sont des marques ou des marques déposées de leurs détenteurs respectifs. L'utilisation des marques, noms de produits, noms communs, noms commerciaux, descriptions de produits, etc, même sans qu'ils soient mentionnés de façon particulière dans ce livre ne signifie en aucune façon que ces noms peuvent être utilisés sans restriction à l'égard de la législation pour la protection des marques et des marques déposées et pourraient donc être utilisés par quiconque.

Coverbild / Photo de couverture: www.ingimage.com

Verlag / Editeur:
Éditions Croix du Salut
ist ein Imprint der / est une marque déposée de
OmniScriptum GmbH & Co. KG
Heinrich-Böcking-Str. 6-8, 66121 Saarbrücken, Deutschland / Allemagne
Email: info@editions-croix.com

Herstellung: siehe letzte Seite /
Impression: voir la dernière page
ISBN: 978-3-8416-9962-6

Copyright / Droit d'auteur © 2015 OmniScriptum GmbH & Co. KG
Alle Rechte vorbehalten. / Tous droits réservés. Saarbrücken 2015

Jean-Marc AUSSET

La miséricorde et la fidélité de Dieu

dans le livre de Ruth

I) Ruth 1 v 1 à 5 : La problématique du choix

Lectures :

2 Corinthiens 6 v 14 :
« Ne vous mettez pas avec les infidèles sous un joug étranger. »

Psaumes ch 37 v 5 :
« Mets en l'Eternel ta confiance et Il agira ! »

Romains ch 5 v 20 :
« Là où le péché a abondé, la grâce a surabondé. »

2 Timothée ch 3 v 13 :
« Si nous sommes infidèles, Il demeure fidèle. »

1) Préambule :

Les textes cités mettent en lumière deux vérités fondamentales qui concernent aussi bien les acteurs de l'Ancienne Alliance que ceux de la Nouvelle.

Il s'agit d'une part, de l'appel pressant que Dieu adresse à ses enfants à lui faire confiance et d'autre part, de l'affirmation que quoiqu'il arrive, Il reste fidèle à ses promesses.

En d'autres termes, ces textes, loin d'être une incitation à la licence ou à une vie déréglée ou à une quelconque autonomie, tout au contraire, nous rappellent que lors même que nous quittons les sentiers du Seigneur, Il continue à veiller sur nous avec amour et tendresse.

Il s'agit rien moins que l'expression permanente et efficace et toujours actuelle de la grâce de Dieu à l'égard de ses enfants !

Nous ne serons jamais assez reconnaissants pour l'infinie patience que le Seigneur manifeste à notre égard !

Combien de fois, en effet, n'avons-nous pas péché en paroles, en pensées ou en actes, combien de fois n'avons-nous pas douté de son amour, de sa **puissance lorsque les circonstances adverses nous faisaient traverser une zone de grandes turbulences ou un désert aride et inhospitalier !**

N'avons-nous pas été alors tentés de sortir de notre triste condition en usant d'échappatoires ou de succédanés au lieu de nous tourner simplement vers notre Père céleste pour trouver du secours ?

N'avons-nous pas oublié cette parole du psalmiste (ch 121 v 2) :

« Le secours me vient de l'Eternel qui a fait les cieux et la terre. »

Et cependant, quelle qu'ait pu être la durée ou la profondeur de notre éloignement ou de notre égarement, quelles qu'aient pu être les conséquences directes ou indirectes de notre infidélité, nous pouvons témoigner que notre Dieu ne nous a jamais abandonnés et que son accueil a toujours été empreint de la plus grande tendresse.

N'hésitons pas à dire et à redire à Dieu combien nous l'aimons pour son amour sans limites envers nous !

Les Saintes Ecritures sont prodigues en exemples qui illustrent l'amour, la patience et la grâce de Dieu en action envers ses serviteurs illustres ou moins connus : Moïse qui tua l'Egyptien, Jacob qui trompa Esaü, David, adultère et criminel, pour ne citer que ceux-là.

L'exemple que j'ai choisi a fait l'objet d'un livre de quelques pages seulement qui relate en quatre courts chapitres l'histoire d'une famille.
Elle commence par une tragédie au pays de Moab et se termine avec bonheur à Bethléem. Il s'agit du livre de Ruth.

Avant de nous pencher sur le destin de cette famille, laissez-moi en découvrir avec vous les arrière-plans historiques, religieux et géographiques.

2) Le contexte historique, religieux et géographique :

Comme le verset 1 du chapitre 1 du livre de Ruth l'indique, les évènements se déroulent à l'époque des Juges, probablement à la fin de cette période selon certains indices comme le lévirat tombé en désuétude. Nous sommes donc environ 1250 ans avant Jésus-Christ.

Ces évènements auraient été relatés 100 ans plus tard, peut-être sous Salomon alors que se manifestait une intense activité littéraire.

La période des Juges qui dura selon l'apôtre Paul 450 ans (Actes 13 v 20), s'étendant de l'entrée en Canaan jusqu'à l'instauration de la royauté avec Saül, se caractérise par une grande instabilité à la fois religieuse et politique.
Le schéma suivant : révolte du peuple – punition de Dieu par l'oppression des peuples voisins - repentance – délivrance, résume bien les multiples allers-retours du peuple d'Israël entre l'adoration à l'Eternel et l'idolâtrie des dieux païens, entre son attachement à la notion de peuple élu et ses tentations tribales d'autonomie ou d'assimilation aux peuples envahisseurs.
Un rapide calcul laisse apparaître que pendant cette période, le peuple d'Israël connut 7 périodes d'asservissement, suite à 7 périodes d'apostasie qui couvrirent un tiers de sa durée totale, soit environ 130 ans.
Périodes d'anarchie et d'idolâtrie, époques cruelles à la barbarie sanglante qui atteignit un tel niveau qu'elle fut qualifiée « d'âge de fer d'Israël ».

Nous savions que ce peuple avait le cou raide et la mémoire courte ; nous savions aussi qu'il était souvent enclin aux récriminations, les récits de la traversée du désert en étant les témoins évocateurs.
Et nous savions aussi que l'Eternel avait eu envers lui une infinie patience !
Mais, là, force nous est de constater que ses agissements dépassent ce que nous aurions pu imaginer !
Comment ce peuple qui avait reçu les promesses de l'Eternel, qui était dépositaire des tables de la Loi, dont l'histoire récente était marquée par les actions d'éclat de son Dieu, en est-il arrivé à Lui préférer les ridicules et grotesques statues païennes et à adopter les mœurs barbares et relâchées des nations voisines ?
J'imagine les ricanements de Satan devant un tel spectacle, apostrophant Dieu et Lui disant narquois :

« Eh, Dieu, tu as vu l'état de ton peuple, celui que tu as élu pour être la lumière des nations ? Et c'est avec lui que tu veux sauver le monde ? »

Quelle tristesse, en effet que celle que dût ressentir notre Dieu devant la versatilité du cœur des enfants d'Israël !
Mais, l'Eternel, fidèle à ses promesses, poursuit inlassablement son chemin de grâce.
Il sait qu'au milieu de ce peuple entraîné dans l'idolâtrie et la dissolution morale, il en est qui sont restés fidèles, qui luttent à contre-courant et sur lesquels Il peut s'appuyer pour susciter une prise de conscience et entraîner les autres vers un salutaire retour.
Et parmi ceux-là émergent les noms de ceux qu'Il va appeler à être les libérateurs de son peuple, les gouverneurs, les Juges.
Il y en eut 12 qui se succédèrent ainsi pour relever le peuple qui chaque fois retombait dans ses pratiques apostates. Douze occasions pour l'Eternel de manifester son immense patience et son inépuisable grâce !

Or, voici qu'au cœur de cette sombre fresque se détache, auréolée de lumière, la silhouette d'une jeune femme moabite qui porte le nom de Ruth, dont la pureté de cœur et la fidélité, dans cet environnement brutal, n'en prennent que plus de relief.
Etrange destin que celui de cette jeune païenne que va nous révéler le livre éponyme.

A côté d'elle se dresse un autre personnage qui, loin de lui faire ombrage, va ajouter à son rayonnement l'éclat de ses propres vertus toutes contenues dans sa bienveillance. Il s'agir de Boaz, Juif respecté de Bethléem. Lui aussi, sans s'en douter, verra son nom associé à la liste prestigieuse de ceux qui, par la justesse de leurs choix et la générosité de leurs intentions, sans parler de leur courage, portèrent témoignage à la gloire du Dieu Très-Haut.

Je vous invite à plonger dans ce lointain passé pour découvrir les premiers acteurs de cette émouvante histoire en lisant les 5 premiers versets du livre de Ruth.

Ruth ch 1 v 1 à 5 :

« Du temps des juges, il y eut une famine dans le pays. Un homme de Bethléem de Juda partit, avec sa femme et ses deux fils, pour faire un séjour dans le pays de Moab. Le nom de cet homme était Elimélec, celui de sa femme, Naomi, et ses deux fils s'appelaient Machlon et Kiljon ; ils étaient Ephratiens, de Bethléem de Juda. Arrivés au pays de Moab, ils y fixèrent leur demeure. Elimélek, mari de Naomi, mourut, et elle resta avec ses deux fils. Ils prirent des femmes moabites, dont l'une se nommait Orpa, et l'autre Ruth, et ils habitèrent là environ dix ans. Machlon et Kiljon moururent aussi tous les deux, et Naomi resta privée de ses deux fils et de son mari. »

Nous voici en présence d'une belle famille juive habitant à Bethléem Ephrata en Juda, village qui nous est familier puisque c'est là que naquit Jésus-Christ.
Or, voici que la famine va frapper Bethléem dont le nom signifie, comble de l'ironie, « la maison du pain. »
Contrairement à d'autres villes comme celle de Guibea dont les mœurs cruelles et dépravées sont décrites au chapitre 19 du livre des Juges, Bethléem semble avoir conservé un certain nombre de qualités morales telle l'hospitalité.
La mention de cette ville n'a pas dû manquer d'éveiller la curiosité et l'intérêt des lecteurs juifs puisque c'est là que naquit, lui aussi, le jeune David qui devint le second roi d'Israël.

Bethléem qui s'appelait auparavant Ephrata, sur laquelle prophétisa Michée (ch 5 v 1)
« Et toi, Bethléem Ephrata, dit le Seigneur, tu es une localité peu importante parmi celles des familles de Juda. Mais, de toi je veux faire sortir celui qui doit gouverner en mon nom le peuple d'Israël et dont l'origine remonte aux temps les plus anciens. »

Bethléem est donc une petite bourgade selon les critères humains mais elle a été le berceau de deux personnages illustres : de David, le plus grand roi d'Israël, et de son descendant, Jésus-Christ, le roi des cieux et de la terre !

Bethléem, la maison du pain, qui en l'occurrence semble bien mal porter son nom puisque c'est la famine ; mais qui le verra pleinement justifié douze siècles plus tard en donnant naissance à celui qui dira :

« Je suis le pain vivant descendu du ciel. Celui qui mangera de ce pain n'aura jamais faim et vivra éternellement. »

3) Une famille dans la difficulté :

Revenons à cette famille qui souffre de la faim en cette période de sécheresse.

Il y a le père, Elimélek, la mère, Naomi et les deux fils Machlon et Kiljon.

Ils portent tous des noms anciens dont on a retrouvé les racines remontant 200 ans avant qu'ils ne leur soient attribués.

Leur signification n'est pas sans rapport avec leur personnage mais il serait hasardeux d'y voir quelque signe de prédestination.

Tout au plus peut-on constater qu'ils s'accordent bien avec les circonstances.

Ainsi, le nom du père Elimélek signifie « Dieu est roi ».

Le nom de la mère Naomi signifie « ma gracieuse » et les noms des fils, Machlon « maladif » et Kiljon « languissant ».

Arrêtons-nous un instant sur le personnage du père. Il porte un nom riche de sens : Dieu est roi. Un tel nom semble constituer pour celui qui le porte un rappel permanent de la souveraineté de Dieu sur sa vie et sur celles de ceux dont il a la charge.

Autrement dit, il semble logique qu'Elimélek soit tenu, presque automatiquement, à se référer en permanence au conseil de l'Eternel dans ses prises de décisions.

En réalité, Elimélek, comme tous les Juifs de son pays et comme tous les pères de famille de Bethléem, étaient invités et exhortés à se confier en Dieu, ni plus, ni moins. « Mets ta confiance en l'Eternel ! »

4) L'heure du choix :

Le voici donc placé devant un choix difficile : rester à Bethléem, dans son pays, au risque de voir sa famille souffrir de la faim et peut-être en mourir ou bien émigrer vers le pays de Moab où il trouvera de la nourriture pour les siens.
Nous ne savons pas quelles raisons profondes dictèrent son choix ni le cheminement de sa pensée. Le texte lui-même ne fait apparaître aucun jugement à son encontre. Il constate seulement les faits et les rapporte.

En conséquence, il paraît difficile de s'ériger en juge d'un homme qui vivait dans une époque si troublée où l'image du Dieu souverain était souvent relativisée dans l'opinion publique juive et où les repères moraux et religieux étaient noyés dans la brume des pratiques païennes.

Nous-mêmes, aujourd'hui, confrontés à toutes sortes d'amalgames idéologiques, baignés dans une atmosphère trouble où le relativisme est devenu la norme, où les mœurs sont à géométrie variable, nous avons parfois des difficultés à maintenir le bon cap, à faire les bons choix .

Pour autant, rien ne nous interdit, tout au contraire, de tirer des leçons des choix d'Elimélek au regard de leurs conséquences.
Notons, cependant, qu'il est toujours plus facile de faire une telle démarche a posteriori lorsque les circonstances sont paisibles et sécurisantes !

Mais, lorsque l'urgence se fait impérieuse, que les émotions se mêlent à la réflexion et la teinte de subjectivité, lorsque l'imagination amplifie le tragique de la situation, alors, il est plus difficile de garder sa clairvoyance et de prendre des décisions de sagesse.

Il est même parfois difficile d'engager un dialogue avec Dieu tant le problème qui préoccupe envahit toute la pensée de façon parfois lancinante, voire obsessionnelle.

C'est ainsi que porter le nom de « Dieu est roi » comme Elimélek, ne prédispose pas davantage à la sagesse que celui de « chrétien » que les enfants de Dieu ont la fierté et l'honneur de porter.

En revanche, parce que nous portons ce nom, il nous appartient d'en être dignes dans toute la mesure de nos possibilités et en la matière de nous appliquer la règle d'or suivante : « chercher en toutes choses la volonté de Dieu et mettre en Lui notre confiance. »

Si l'on en croit la suite des évènements, Elimélek n'a pas fait le bon choix en décidant de s'exiler au pays de Moab.

Or, rien ne nous est dit sur la nature de sa piété.

Nous savons seulement que celle de son épouse Naomi était suffisamment affirmée pour qu'elle fasse référence à l'Eternel à plusieurs reprises et que l'image qu'elle donnait de son Dieu ainsi que le témoignage qu'elle lui rendait, étaient assez explicites pour sensibiliser ses belles-filles et notamment Ruth.

Ceci nous permet seulement d'affirmer qu'Elimélek avait assez de connaissances sur la personne de Dieu pour être en mesure de choisir de rester parmi ses frères en comptant sur la main de l'Eternel.

5) *Le grand départ :*

Il choisit donc de partir avec sa famille et de s'expatrier au pays de Moab.

Il ne fait pas de doute qu'un tel départ vers l'inconnu ne dut pas se faire sans déchirements. Quitter sa maison, sa famille, ses voisins, ses amis, ses champs et son bétail, même sous la pression de circonstances économiques extrêmes, porte en soi son lot de souffrances.

Mais, il y a l'espoir d'une vie meilleure au bout du chemin, sur les plateaux fertiles de Moab !

Quatre vingt kilomètres à parcourir vers l'Est pour atteindre le pays de Moab sur la rive orientale de la Mer Morte, à une altitude variant de 600 à 900 mètres. Par temps clair, en regardant vers le levant, on pouvait apercevoir des collines de Bethléem la découpe des Causses de Moab par delà la Mer Morte.

Cette vision de ces terres d'accueil aux plateaux verdoyants dut, à n'en pas douter, stimuler Elimélek tandis que ses deux enfants dépérissaient devant ses yeux, maladifs et languissants.

Moab devient donc pour Elimélek une manière de terre promise.

Certes, il connaissait l'hostilité ancestrale des Moabites mais, plutôt que de mourir de faim en Juda, autant courir le risque d'être renvoyés de Moab.

Or, il y a d'autres risques qu'Elimélek va devoir affronter et dont il a, soit minimisé les dangers, soit tout simplement occulté les conséquences.

Il s'agit de la confrontation de sa famille, de ses enfants avec l'idôlatrie !

6) Un regard sur l'histoire des Moabites :

Souvenons-nous qu'ils sont les descendants de Moab, fils de Lot et de sa fille aînée (Genèse 19 v 77). Lot engendra aussi un fils, Ben-Ammi, de sa relation incestueuse avec sa fille cadette, lequel donna naissance à la lignée des Ammonites.

Plus tard, ces deux lignages s'allièrent pour conquérir les territoires à l'Est du Jourdain. Lors du cheminement du peuple d'Israël vers Canaan, ils lui refusèrent la traversée de leurs terres et l'Eternel ordonna alors à Moïse de ne pas attaquer Moab, sans doute à cause de leur degré de parenté.

Le roi de Moab envoya Balaam maudire les nouveaux arrivants. L'Eternel commanda alors à Israël d'exclure de son assemblée le Moabite et l'Ammonite jusqu'à la 10° génération.

Le dernier campement avant la traversée du Jourdain fut dressé à Sittim
dans les plaines qui avaient appartenu à Moab. C'est là que les femmes moabites et ammonites entraînèrent les Israélites dans l'impureté et l'idolâtrie.

Au début de l'époque des Juges, Eglon, roi de Moab, envahit Canaan, fit de Jéricho sa capitale, opprima les Israélites du plateau voisin pendant 18 ans, puis fut assassiné par le juge Ehud.

Ce bref rappel historique nous permet de mieux appréhender la nature des dangers et des risques qu'Elimélek va faire encourir à sa famille.

A très court terme, il va devoir affronter l'hostilité de ce peuple moabite qui perdure depuis des siècles, et à moyen terme, en immergeant ses fils dans une culture idolâtre païenne, il les soumet à des tentations qui risquent, non seulement de les éloigner du Dieu d'Israël, mais pire encore de les voir contracter des mésalliances avec des femmes du cru.

7) Les conséquences du choix d'Elimélek :

La suite du récit nous entraîne sur un parcours semé de souffrances et de deuils.
Nous apprenons le décès d'Elimélek, le chef de famille.
Avec sobriété, l'auteur du livre nous dépeint la situation de son épouse :
« Naomi resta seule avec ses deux fils ».
Rarement, formule aussi brève ne concentra autant de détresse, de souffrance, de sentiment de solitude !
Seule en terre étrangère et païenne, seule avec ses deux fils, loin de sa famille, de ses amis, des paysages chers à son cœur, seule avec les souvenirs du passé, face à un présent douloureux et incertain, telle est la dramatique et pathétique situation de Naomi !

Puis, ce qui risquait d'arriver, arriva ! Ses deux fils prirent pour femmes des Moabites : Kiljon épousa Orpa et Machlon se maria avec Ruth.
Combien la réalité à laquelle Naomi est confrontée est éloignée des vœux qu'elle avait formulés, à Bethléem, à la naissance de ses deux garçons !
Peut-être avait-elle imaginé que la fille d'untel ou de tel autre ferait une belle-fille fort acceptable et une épouse de premier choix !
Mais, tout cela est si loin maintenant ! Dix ans se sont déjà écoulés depuis leur arrivée !
Ses fils sont mariés avec des Moabites !
Faisant contre mauvaise fortune bon cœur, Naomi, si l'on en croit la suite du récit, s'employa à entretenir avec ces jeunes femmes des liens d'affection et même de tendresse.
Nous avons là un bel exemple de tolérance, dans la droite ligne de ce que l'Evangile demande de mettre en pratique.
La conquête des âmes ne peut se faire que par la douce pression de l'amour !

Depuis leur départ de Bethléem, ce furent dix années de labeurs, de craintes, d'espoirs, de difficultés d'adaptation à une terre et à un peuple différent. Dix années à marquer pour Naomi d'une pierre noire : la mort de son bien-aimé Elimélek.

Et maintenant que ses deux fils sont mariés à deux jeunes moabites, il lui semble difficile d'imaginer un retour parmi les siens.

Naomi n'est plus jeune ; demain, peut-être sera-t-elle grand-mère et Bethléem lui semble de plus en plus éloigné !

C'est alors que nous apprenons une bien triste nouvelle :

« Au bout de dix ans, Machlon et Kiljon moururent à leur tour ».

Là encore, la détresse de Naomi est toute contenue dans ce douloureux constat :

« Naomi resta seule, privée de ses enfants et de son mari ».

Le pays de Moab qu'Elimélek envisageait comme un havre de salut pour échapper à la famine sévissant en Juda, est devenu une terre de désolation et de mort.

8) Conclusion :

A la lumière de ce que nous avons découvert au travers de cet épisode émouvant, nous pouvons tirer quelques leçons.

Lorsque nous nous trouvons face à des choix difficiles, prenons le temps de la réflexion, de la consultation auprès de frères avisés et de la prière.

Si telle voie s'offre à nous comme une réponse adaptée à notre situation, n'hésitons pas à en rechercher les vices cachés.

Ne cherchons pas une solution à court terme mais mesurons les conséquences plus lointaines, pour nous et pour notre famille.

Et, qu'avant toute chose, nous recherchions la seule gloire de Dieu.

Confions-nous en Lui sans réserve, sans restriction et Il honorera notre foi

peut-être même de façon inattendue.

Si, malheureusement, par manque de foi ou de sagesse, ou par présomption, ou encore par peur ou par légèreté, nous nous sommes engagés dans une mauvaise voie, sachons qu'avec le Seigneur, le retour est toujours possible car Il est le Fidèle !

Humilions-nous devant sa face et Il nous relèvera !

II) Ruth 1 v 6 à 18 : ne jamais désespérer :

1) Le contexte :

« Au bout de dix ans, Machlon et Kiljon moururent à leur tour. Naomi resta seule, privée de ses enfants et de son mari ».

Telle est la triste situation de Naomi que nous décrit le verset 5 du premier chapitre du livre de Ruth. Situation d'autant plus tragique qu'elle touche douloureusement cette femme israélite exilée en terre étrangère, terre païenne et hostile à ceux de son peuple, le pays de Moab !

Voilà dix ans déjà que, poussé par la famine sévissant dans son pays, Elimélek, son mari, décida de conduire sa famille vers les hauts plateaux verdoyants de Moab. Les dangers y sont multiples : hostilité des Moabites aux mœurs barbares et dissolus et idolâtrie. Mais la faim est si tenace et l'attrait des champs fertiles de Moab si fort qu'Elimélek prend la décision de l'exil.

Comme nous l'avons souligné précédemment, il ne nous appartient pas de juger ce chef de famille placé devant un tel dilemme.

Nous ne suivrons donc pas certains commentateurs quelque peu hardis qui font peser sur lui leur regard incisif de procureur de cour sans appel !

Tout au plus, nous sentons-nous autorisés à tirer quelques leçons utiles de ce choix sans doute malheureux qui entraîna des conséquences dramatiques sur le plan humain et qui, sur le plan spirituel aurait pu être plus désastreuses encore si Dieu n'avait porté un regard de bienveillance sur Naomi.

Conséquences dramatiques sur le plan humain car, en effet, non seulement les deux fils se marièrent avec des femmes païennes laissant peu d'espoir à un éventuel retour en terre de Juda, mais, de surcroît, moururent en pays de Moab rejoignant ainsi leur père Elimélek dans son tombeau.

Quant aux conséquences spirituelles d'un tel exil en terre idolâtre, elles s'avérèrent dès le départ conformes à ce qui était prévisible. Non seulement cette famille juive éloignée de son foyer religieux et culturel dut rencontrer des difficultés dans l'expression de sa foi et de sa piété au quotidien, mais aussi dans la protection de ses enfants face aux fortes influences idolâtres du milieu païen dans lequel ils évoluaient. Dès lors, toute mésalliance avec les filles moabites ne pouvait entraîner à vues humaines pour les enfants à naître de ces mariages mixtes, qu'une éducation sociale et religieuse conforme aux coutumes locales opposées à la foi en un Dieu unique et trois fois saint, au Dieu d'Abraham, d'Isaac et de Jacob.

2) Naomi, « la gracieuse » devient Naomi « l'amère » :

Or, voici que la mort inattendue de Machlon et Kiljon va prématurément mettre un terme à ce scénario aux perspectives peu réjouissantes.

Ils disparaissent, en effet, sans laisser de descendance, laissant Orpa et Ruth leurs épouses moabites, seules avec leur belle-mère Naomi.

Si la condition de ces deux jeunes veuves est marquée par le deuil, le chagrin et la tristesse, celle de Naomi porte les stigmates de la désolation, de l'amertume et de la solitude.

« Naomi resta seule privée de ses enfants et de son mari ! »

Les lourds et noirs nuages du deuil, de l'isolement et de l'exil enveloppent désormais Naomi comme d'un sombre linceul qui masque, à ses yeux assombris, toute perspective de bonheur à venir.

Telle est bien souvent la condition de ceux qui traversent l'épreuve du deuil par la perte d'un père, d'une mère, d'un époux, d'une épouse ou d'un enfant chéri ! En un instant, le temps semble s'être comme figé sur un évènement d'autant plus brutal qu'il était inattendu.

La disparition toujours soudaine de l'être aimé, même si elle était prévue voire même parfois espérée (ex : maladie d'Alzheimer), signe le passage d'un « avant » riche de la présence de l'autre, et d'un « après » à l'horizon assombri car vide de cette même présence.

Est-ce à dire pour autant que tout espoir en un avenir serein porteur de nouvelles espérances soit un rêve auquel on n'a plus droit ?

Tel est, en tous cas, le sentiment qu'inspire la mémoire encore vive de celui ou de celle qui est partie, que l'on ne peut pas oublier, que l'on ne veut pas oublier sous peine de sacrilège, car son souvenir relève alors du sacré. Sentiment renforcé par la douleur de la perte dont on mesure alors le caractère irréversible.

Tel est donc l'état de solitude et de détresse de Naomi après la mort de ses chers enfants.

A vues humaines, elle avait peu de raisons de voir son ciel s'éclaircir à moins d'une intervention providentielle de Dieu.

Ses belles-filles se remarieraient probablement avec des Moabites et elle se retrouverait seule, plus étrangère que jamais.

Il en est de même de nous chrétiens, lorsque l'épreuve nous assaille. Nous savons que le Seigneur peut nous secourir et nous délivrer mais ce que nous vivons, ce que nous subissons est si oppressant que tout regard vers un mieux-être à venir nous semble inconcevable. Seul compte pour nous le présent écrasant de sa réalité douloureuse. Nous crions à Dieu toute notre détresse avec l'énergie que nous donne la foi, mais lors même qu'un rai de lumière traverse nos ténèbres, il est aussitôt noyé par les larmes qui embuent notre regard.

Or, nous sommes ici même sur un des terrains de combat de la foi, non pas celui qui se livre au travers de notre témoignage public au nom de Jésus-Christ, mais celui qui se mène dans le secret de notre cœur aux prises avec la souffrance et le doute.

Cependant, dans ce combat de la foi dans lequel nous avons parfois le sentiment d'être seuls, se tient en permanence à nos côtés en une présence discrète mais efficace, l'auteur même de notre foi, Jésus-Christ, qui par le souffle de son Esprit en ravive la flamme.

L'histoire de Naomi aurait été d'une immense tristesse si elle s'était arrêtée là avec pour seule perspective la souffrance, l'amertume et le désespoir.

Ainsi, en serait-il de chacun de nous, confrontés à l'horreur de la séparation et de la mort, si la présence consolatrice de l'Esprit Saint ne nous était promise et offerte.

3) *Un changement radical de perspectives :*

Or, voici que nous allons assister à un renversement de situation providentiel dont seul l'Eternel Dieu a le secret et qui va donner une nouvelle orientation à la vie de Naomi.

Un changement radical de perspectives, inattendu et inespéré qui va manifester de façon éclatante, et la souveraineté de Dieu, et son immense bonté toute contenue dans le mot hébreu « hèsed » dont nous allons bientôt mesurer toute la portée.

L'Eternel a vu la détresse de Naomi mais Il a aussi mesuré sa foi et Il va l'honorer de multiples façons que nous aurons le bonheur de découvrir.

Le verset 6 nous décrit les circonstances de ce changement :
« Au pays de Moab, Naomi apprit que le Seigneur avait été favorable à son peuple et lui avait donné de bonnes récoltes ».

Cette seule phrase nous dépeint de façon concise le double attachement que Naomi n'a cessé de porter à son Dieu et à son peuple malgré la décennie écoulée loin de sa patrie.

« Le Seigneur a été favorable » souligne que Naomi n'a pas oublié la souveraineté et la bonté de son Dieu.

Etant libre de ses choix, ce qui n'était pas le cas du vivant d'Elimélek, elle prend la décision de retourner à Bethléem, voyant probablement dans ce renouveau économique une incitation à rentrer chez elle.

On imagine aisément combien ce projet est riche d'émotions à la perspective de revoir les siens, sentiments mêlés de joie et de tristesse !

4) Préparatifs de départ pour Bethléem : première surprise

Naomi se prépare donc à quitter ce pays avec ses deux belles-filles.
Les voici toutes trois en route pour le pays de Juda. C'est alors qu'elles sont en chemin que nous allons assister à une scène émouvante révélatrice des personnalités de chacune d'entre elles.
Voici ce que dit Naomi à ses belles-filles (v 6) :

« Rentrez chez vous maintenant, chacune dans la maison de sa mère.
Que le Seigneur soit bon pour vous comme vous l'avez été pour ceux qui sont morts et pour moi-même ! Qu'Il permette à chacune de vous de trouver le bonheur dans la maison d'un mari ! »

Ces paroles de Naomi mettent en lumière la richesse de cœur de ses deux belles-filles, lesquelles, par parenthèse, n'étaient pas tenues de l'accompagner à Bethléem. Naomi souligne combien elle a été touchée par leur bonté que les circonstances n'ont pas émoussée.

Tout ce que désire Naomi, c'est leur bonheur !

Et pour ce faire, elle invoque la bénédiction de Dieu sur elles.

Ce faisant, nous découvrons chez cette femme une grandeur d'âme peu commune et une foi encore vivace malgré l'épreuve. Elle sait s'oublier pour ne voir que le bien de Ruth et d'Orpa.

Or, ces dernières par leur capacité à travailler constituaient une garantie pour répondre aux besoins alimentaires de Naomi vieillissante, sans mari et sans garçons.

Un tel geste relève donc d'une grande générosité qui force notre admiration et constitue pour nous un bel exemple à imiter.

Puis, nous dit le texte, Naomi embrassa ses belles-filles pour prendre congé mais celles-ci pleurèrent abondamment et lui dirent :

« Non ! Nous t'accompagnerons auprès de ton peuple. »

Une telle réaction ne peut que nous conduire à penser combien dut être fort le témoignage de Naomi pour qu'il exerce une telle attraction sur ces deux jeunes femmes au point de susciter chez elle le désir de quitter leur propre pays et leurs familles pour aller vers le pays de Juda.

Laissons-nous interpeller par une telle conduite de fidélité et d'amour malgré un quotidien peu propice en terre étrangère !

Puisse le Seigneur nous conduire, par la consécration de nos vies, par notre droiture, par notre fidélité, par notre amour pour le prochain, à faire naître chez ceux que nous côtoyons une curiosité, mieux, un désir ardent et sincère de découvrir notre peuple, celui des rachetés du Seigneur Jésus-Christ !

Or, voici que Naomi reprend la parole :

« Rentrez chez vous, mes filles. Laissez moi. Je suis trop vieille pour me remarier. Et même si je disais : il y a encore de l'espoir pour moi, cette nuit même je serai à un homme qui me donnera des fils, pourriez-vous attendre qu'ils aient grandi ?

Renonceriez-vous à épouser quelqu'un d'autre ? Non, mes filles ! C'est contre moi que le Seigneur s'est tourné, mon sort est beaucoup trop dur pour vous. »

Cette réponse de Naomi aux protestations des jeunes femmes s'appuie sur les arguments de la sagesse. Elle leur démontre que la loi du lévirat ne peut s'appliquer à leur cas. Elle n'a plus de fils susceptibles de les épouser et de susciter ainsi une descendance aux défunts, et vraisemblablement, elle n'en aura pas d'autres. Pour elles, il n'y a donc pas de mariages possibles en Juda. Naomi exprime ici toute sa compassion pour ses belles-filles et ceci d'autant plus que leur souffrance résulte de ce que Dieu l'avait éprouvée elle-même.
Pour autant, nos ne devons pas oublier, au cas où la démarche d'inciter ses belles-filles à rester dans leur pays où l'on adore Kémosh nous choquerait, que Naomi ne les renvoie pas sans autre.
N'oublions pas la formule de bénédiction dont elle a assorti son invitation :
« Que le Seigneur soit bon pour vous comme vous l'avez été pour ceux qui sont morts comme pour moi-même ! »

Or, pour bien en saisir toute la portée et toute la profondeur, nous devons nous arrêter un instant sur le mot « bon » employé ici, ou « miséricordieux » employé ailleurs.

5) *Le concept de la miséricorde de Dieu :*

Autrement dit, sur le concept de bonté et de miséricorde de Dieu qui traduisent le mot hébreu « hèsed ».
Disons tout d'abord que ce mot est beaucoup plus riche de sens que les termes bonté et miséricorde le laissent paraître.
En effet, au suprême degré, il s'agit ici d'un des attributs de Dieu.
La « hèsed » de Dieu nous introduit donc dans une dimension de son être d'amour et de fidélité (heb : émet) que rien ne peut limiter.

La « hèsed » de Dieu participe de sa perfection et de sa sainteté. Sa richesse, sa force d'action, de transformation des êtres, son spectre de rayonnement sont sans limites hormis celles que lui dictent ses attributs de justice et de sainteté lorsque ont été épuisés tous les arguments de sa grâce.

C'est sa « hèsed » qui est la source et le moteur de son alliance car c'est bien dans cette alliance que l'on voit le plus clairement Dieu s'approcher avec bienveillance des hommes pécheurs (Jean 3 v 16).

Souvenons-nous du cantique de libération chanté par le grand Moïse avec les Israélites au sortir de l'Egypte : (Exode 15 v 13)
« Par ta miséricorde (hèsed) tu as conduit, tu as délivré ce peuple. »

Souvenons-nous aussi de ces paroles du même Moïse adressées au peuple dans son deuxième discours, à l'Est du Jourdain : (Deutéronome 7 v 9) :
« C'est l'Eternel ton Dieu qui est Dieu, le Dieu fidèle qui garde l'alliance et la bonté (hèsed). »

Ainsi, la bonté de Dieu ouvre la porte à sa communion, garantie de sécurité, assurée par sa fidélité (heb : émet).

Nous comprenons mieux pourquoi Naomi n'hésite pas à presser ses belles-filles à retourner dans leur pays. Non seulement elle sait qu'elles pourront y refaire leur vie, chose plus difficile en Juda car elles sont Moabites, mais surtout, elle a la conviction que la « hèsed » de l'Eternel, que son immense bonté les accompagnera et leur accordera du bonheur.

« Qu'Il permette à chacune de vous de trouver le bonheur dans la maison d'un mari ! »

Les dernières paroles de Naomi eurent pour effet immédiat d'accroître leur désarroi car nous est-il dit : « les deux belles-filles pleurèrent de plus belle ! », preuve, s'il en fallait encore une, de leur profond attachement à leur belle-mère.

Or, voici que l'exhortation de Naomi va trouver deux échos différents chez les jeunes femmes.

6) Le choix d'Orpa :

En effet, Orpa, après réflexion, décida de suivre son conseil et embrassa Naomi pour prendre congé.

Ne nous hâtons pas de porter un jugement trop sévère sur cette jeune veuve qui porte envers sa belle-mère un amour manifeste. N'oublions pas que la Bible tout entière est pétrie d'exemples d'histoires d'hommes et de femmes tels que nous, agités voire tiraillés par leurs sentiments, parfois submergés ou au contraire inhibés par leurs émotions, souvent déchirés par de difficiles conflits de devoirs !

Orpa n'a pas échappé à ce douloureux choix qui s'imposait à elle. D'un côté la perspective d'un exil dont il y avait peu à espérer, de l'autre un retour chez les siens avec l'affection de ses parents, le soutien de sa famille, la sécurité matérielle et sans doute, la perspective d'un mariage.

Orpa ne doute pas de la grandeur et de la bonté du Dieu de Naomi ni de son soutien, mais, pour l'heure, ce qui importait c'était de retrouver les siens.

Comme nous le voyons, Orpa ne diffère pas de nombre de nos contemporains, jeunes ou vieux, qui font passer en second plan les questions spirituelles, préférant répondre à des nécessités qu'ils jugent premières en raison souvent de leur caractère impérieux.

Ce n'est pas qu'ils soient hostiles à la pensée de Dieu ou à la personne de Jésus-Christ chez qui ils trouvent un certain attrait, de même qu'ils peuvent se sentir en bonne compagnie avec les chrétiens, être même liés d'une profonde affection avec certains, comme Orpa envers Naomi, mais ils préfèrent ajourner leur décision, s'assurer une sécurité et un confort matériel plutôt que de faire un choix dont ils redoutent le caractère radical et dont ils refusent les contraintes réelles ou supposées.

Certains, comme ce fut peut-être le cas d'Orpa, n'ont eu de Dieu et de son action, de ses exigences et de ses promesses, qu'une vision limitée ou partielle.

D'autres, mieux éclairés, en ont pressenti toutes les implications dans leur vie aspirant même comme le jeune homme riche en dialogue avec Jésus, à une vie droite et généreuse. Mais, ils redoutent de tout lui abandonner et d'y perdre leur liberté.

Tel est souvent le cas des enfants de chrétiens qui bien que connaissant les bienfaits de la proximité avec le Christ mais aussi les exigences d'une vie consacrée, préfèrent s'essayer à une vie d'indépendance allant à la découverte d'un monde dont ils ne mesurent pas les dangers et les déconvenues.

Ne cessons jamais d'intercéder en leur faveur, de demander à Dieu de leur garder « sa hèsed », de les interpeller par son Esprit-Saint, de les protéger des dangers avec l'armée de ses saints anges !

Ne doutons jamais de ses promesses de fidélité !

Voilà donc Orpa sur le chemin du retour vers les siens, le cœur lourd de cette séparation mais aussi l'esprit tendu vers un avenir où pointe une lueur d'espoir.

7) Le choix de Ruth :

Il nous est dit :

« Mais, Ruth refusa de quitter Naomi. »

Autrement dit, Ruth ne céda pas aux arguments de sa belle-mère.

Naomi revient donc à la charge :

« Regarde, ta belle-sœur est retournée vers son peuple et son dieu. Fais comme elle et retourne chez toi ! »

La réponse de Ruth est sans équivoque et constitue encore aujourd'hui, pour nous chrétiens, un modèle émouvant d'engagement total pour Dieu, un exemple vivant de conversion, c'est-à-dire, de changement radical d'orientation de vie et en même temps, le type même de l'amour fidèle.

Ecoutons plutôt ce que Ruth dit à Naomi :

« N'insiste pas pour que je t'abandonne et que je retourne chez moi. Là où tu iras, j'irai ; là où tu t'installeras, je m'installerai. Ton peuple sera mon peuple ; ton Dieu sera mon Dieu. Là où tu mourras, je mourrai et c'est là que je serai enterrée. Que le Seigneur m'inflige la plus terrible punition si ce n'est pas la mort seule qui me sépare de toi ! » (trad : français courant)

Nous sommes frappés par la double détermination de cette jeune Moabite.

En premier lieu, elle fait montre d'une remarquable fidélité à l'égard de sa belle-mère, fidélité qui s'inscrit à la fois dans le temps et dans l'espace :
- là où tu iras, là où tu t'installeras, j'irai, je m'installerai !
- là où tu mourras, je serai enterrée !

Fidélité qui va jusqu'à désirer s'intégrer au tissu social et religieux de Naomi :
« Ton peuple sera mon peuple ! »

A n'en pas douter, Naomi et probablement Elimélek et ses fils ont dû se démarquer des Moabites par des comportements moraux tels qu'ils ont suscité chez Ruth cet ardent désir de faire partie de leur communauté.

Quelle belle leçon nous est offerte ici qui vient renforcer celle que nous avons tirée au début de notre méditation !

Encore une fois, laissons-nous saisir par cet appel implicite à adopter une façon d'être et de vivre qui interpelle nos semblables, les dérange peut-être, mais aussi qui peut les attirer dans la communion du peuple de Dieu !

Le second élément qui fonde la détermination de Ruth, qui force notre admiration et qui constitue le cœur de son acte décisionnel se découvre dans cette solennelle déclaration :
« Ton Dieu sera mon Dieu ! »

Voici donc que ce Dieu qu'elle a appris à connaître au travers du quotidien passé au sein de sa belle-famille, voici que Ruth exprime par cette formule sans équivoque, son amour pour Lui !
Ruth aurait pu tout aussi bien dire à Naomi dans la logique de ses propos :

« Autant mon amour pour toi est grand, autant l'est-il pour ton Dieu qui sera et qui est déjà mon Dieu ! »

Et, de fait, l'Eternel, le Dieu d'Israël, le Dieu d'Abraham, d'Isaac et de Jacob est déjà son Dieu.
Le serment qui clôt sa réponse à Naomi en est la preuve flagrante :
« Que le Seigneur me traite dans toute sa rigueur si autre chose que la mort vient me séparer de toi ! ».
Peut-on imaginer un seul instant que Ruth aurait pu ainsi invoquer le nom du Seigneur si elle n'avait reconnu en Lui le Dieu souverain, le seul vrai Dieu ?!
Qu'elle est belle cette parole d'engagement de fidélité envers Naomi qui prend à témoin l'Eternel-Dieu !
Fidélité totale et dévouement sans réserve envers sa belle-mère mais aussi envers Celui dont elle a appris à connaître la « hèsed », l'extraordinaire bonté, et à reconnaître la parfaite sainteté.

8) Les signes d'une nouvelle naissance :

Nous assistons ici, presque en direct à ce que nous avons coutume d'appeler une nouvelle naissance, une conversion, en terme théologique, une « metanoïa », un changement radical de façon de penser et d'être.
Ce changement intérieur se traduit dans la vie de Ruth par un changement extérieur, car ils sont tous deux intrinsèquement liés.

En choisissant catégoriquement le Dieu de Naomi, Ruth témoigne de son rejet définitif du dieu de son peuple, l'abominable Kémosh auquel on sacrifiait des enfants que l'on brûlait vifs .(2 Rois 3 v 27) à l'instar des Amonnites qui les immolaient au dieu Moloc.
Cette décision qui va la conduire à renoncer à sa famille, à ses amis, à un avenir prometteur à vues humaines, va être suivie d'une autre décision révélatrice, elle aussi, de ce changement intérieur.
Ruth fait le choix désintéressé de vouer sa vie à Naomi, sa belle-mère !
Or, un tel choix aussi généreux, est lui aussi l'expression d'un principe nouveau qui a pris possession du cœur de Ruth, la « hèsed » !
Touchée par la « hèsed » de Dieu au point de Lui dire « tu es mon Dieu », Ruth reçoit de Dieu même cette bonté, cet amour, cet « agapè » qui transforme l'âme en la régénérant.

Cette réalité de la proximité de Dieu en elle et autour d'elle est vécue par Ruth de façon si intense et si vraie qu'elle n'hésite pas à le prendre à témoin de son engagement, démontrant par là son assurance de toujours trouver en Lui les ressources nécessaires pour Lui rester fidèle.

Cher lecteur, combien est merveilleuse la « hèsed » de Dieu, combien Il est riche en « agapè », combien il est prodigue en « charis » !
Il est un Dieu de miséricorde, d'amour et de grâce sur lequel nous pouvons toujours compter.

Merveilleux exemple de témoignage que celui de Naomi envers sa belle-fille Ruth, la Moabite !
Merveilleuse victoire de l'amour divin dans un cœur qui pourtant avait été nourri de l'abomination de la barbarie !

Ne désespérons jamais face à des situations qui nous semblent irréductibles, sans espoir de changement !
Nous avons à notre disposition deux armes absolues :
un témoignage d'amour et la prière de la foi !
Avec ces deux armes et avec la « hèsed » de Dieu, nous pouvons transporter des montagnes c'est-à-dire bouleverser des vies, attirer des Moabites hors de leur pays pour les introduire dans le peuple des enfants de Dieu.
Tel est le témoignage que nous laisse à voir et à suivre le personnage de Naomi.
Merveilleux témoignage de conversion que celle de Ruth, la Moabite !
« Les choses anciennes sont passées, voici, toutes choses sont devenues nouvelles » disait l'apôtre Paul.
Désormais, un avenir se dessine pour Ruth. Elle ne sait pas lequel mais elle n'est pas inquiète car elle sait en qui elle a mis sa confiance.
Nous savons, quant à nous, quelle belle place le Seigneur lui réserve et nous aurons l'occasion de le découvrir avec émerveillement.

III) Ruth ch 1 v 19 à 22 : le retour à Bethléem, en terre de Juda

1) Rappel :

Ch 1 v 6 : « Au pays de Moab, Naomi apprit que le Seigneur avait été favorable à son peuple et lui avait donné de bonnes récoltes. Alors, elle se prépara à quitter ce pays avec ses belles-filles. »

Tel est le texte qui nous a introduit précédemment dans une méditation riche de multiples leçons.
Nous y avons découvert une femme , Naomi, privée de son mari et de ses deux fils, exilée depuis dix ans en terre païenne, en proie à une douleur profonde, désormais sans ressources et sans espoir, redécouvrir la bonté de Dieu, sa « hèsed ». Dès lors naît en elle le vif désir de retourner dans son pays où elle sait pouvoir partager les bénédictions divines.
Or, manifestement, Naomi n'a jamais cessé d'aimer son Dieu ni d'en témoigner la grandeur, la sainteté et la bonté au cœur même de son foyer.
C'est ainsi que ses belles-filles Moabites, Ruth et Orpa, que Naomi a reçues avec amour et entourées de ses soins, ont pu expérimenter au quotidien pendant de longues années les vertus du Dieu d'Israël, ô combien différent de Kémosh, le dieu de Moab, qui trouvait sa satisfaction dans le sacrifice par le feu de nouveaux-nés.
Dès lors, sans que rien ne les y obligeât, décidèrent-elles de suivre leur belle-mère à Bethléem.
Et, c'est ici que nous découvrons chez Naomi, s'ajoutant à sa fidélité envers son Dieu une autre vertu non moins précieuse, la bonté.
S'oubliant elle-même et désirant assurer l'avenir de ses belles-filles, Naomi va user de tous les arguments pour les dissuader de la suivre.
Elle ajoute même, comme une manière de bénédiction cette prière :

« Que le Seigneur soit bon pour vous…qu'Il permette à chacune de trouver le bonheur dans la maison d'un mari ! »

Puis, répondant aux protestations des jeunes femmes, elle leur démontre que la loi du lévirat ne peut s'appliquer à leur cas car elle n'a plus de fils. Les perspectives de mariages ne peuvent donc pas leur être offertes en Juda.

Orpa se laissa alors persuader et retourna chez elle, le visage inondé de larmes tant son amour pour sa belle-mère était grand.

L'attitude de Ruth fut toute différente. Elle résista aux arguments réitérés de Naomi et l'on comprend rapidement par ses propos que sa décision ne découle pas seulement de son amour pour sa belle-mère mais, en premier lieu, de son attachement au Dieu d'Israël qu'elle a appris à connaître à travers la vie de sa famille d'adoption.

Relisons l'engagement solennel et exemplaire de cette jeune veuve qui jaillit de son cœur en lettres de feu dont la chaleur ira jusqu'à réchauffer le cœur même de Dieu :

« Ne me presse pas de t'abandonner, de retourner loin de toi !

Où tu iras, j'irai ; où tu demeureras, je demeurerai ; ton peuple sera mon peuple et ton Dieu sera mon Dieu ; où tu mourras, je mourrai et j'y serai enterrée. Que le Seigneur me traite dans toute sa rigueur si autre chose que la mort vient à me séparer de toi ! »

Combien Naomi dut-elle être bouleversée par une confession d'amour et de fidélité aussi affirmée, laquelle, dans un raccourci saisissant embrasse tout à la fois le terrestre et le céleste, le matériel et le spirituel.

Quel merveilleux baume pour le cœur meurtri de Naomi qu'une telle expression d'attachement à sa personne !

Mais aussi, combien l'Eternel Dieu dut-il être saisi d'une sainte émotion à l'ouïe de son Nom évoqué par la bouche de cette jeune Moabite qui avait été nourrie au lait frelaté des abominations de Kémosh !

A cette convocation explicite de son arbitrage suprême, l'Eternel va répondre à Ruth à la mesure de la profondeur, de la sincérité et de la radicalité de son engagement, selon la richesse infiniment variée de sa grâce, en faisant de cette jeune Moabite l'arrière-grand-mère du grand roi David, et, par là même inscrira son nom dans la généalogie de Jésus-Christ, son propre fils (Matthieu 1 v 5).

Si nous devions donner un titre qui résume les faits que nous venons d'évoquer, il tiendrait en deux mots hébreux :
« hèsed, émet », bonté et fidélité, illustrées par Naomi, exprimées par Ruth et magnifiées par l'Eternel.

Le verset 18 qui a clôt notre précédente méditation et aussi celui qui nous introduira dans celle-ci :
« Quand Naomi vit que Ruth était résolue à l'accompagner, elle cessa d'insister et elles allèrent ensemble à Bethléem. »

2) En marche vers le pays de Juda :

La semaine qu'elles durent passer sur le chemin du retour pour rejoindre Bethléem située à 80 kilomètres environ, dut être mise à profit pour évoquer les contours du village et de ses environs aussi bien que pour familiariser Ruth avec ses habitants, leurs noms et leurs coutumes.
Quant à Naomi, il ne fait pas de doute que ses sentiments durent être mélangés : d'une part, le soulagement à l'approche des collines de Bethléem et d'autre part, ce poids au fond du cœur, cette douleur sourde entretenue par le souvenir lancinant de l'absence d'Elimélek, de Machlon et de Kiljon.
Il vaut la peine de relire le récit de leur arrivée à Bethléem, récit d'une grande sobriété mais, cependant, riche de sens : v 18b à 22 :
« Leur arrivée provoqua de l'excitation dans toute la localité. Les femmes s'exclamaient : « Est-ce vraiment Naomi ? » Naomi leur déclara : « Ne m'appelez

plus Naomi – heureuse, gracieuse- mais appelez moi Mara – affligée, amère- car le Dieu tout-puissant m'a durement affligée.
Je suis partie d'ici les mains pleines et le Seigneur m'a fait revenir les mains vides. Ne m'appelez donc plus Naomi puisque le Seigneur tout-puissant s'est tourné contre moi et a causé mon malheur. »
C'est ainsi que Naomi revint du pays de Moab avec Ruth, sa belle-fille moabite. Lorsqu'elles arrivèrent à Bethléem, on commençait juste à récolter l'orge. »

Disons-le tout net, si la déclaration de Ruth a eu pour effet de dilater notre cœur de joie, celle que nous venons d'entendre de la bouche de Naomi provoque l'effet contraire et nous étreint le cœur de tristesse car au-delà de la simple empathie qui nous permet d'expliquer sa souffrance et de la comprendre, c'est bien sur le chemin de la sympathie que nous sommes conduits, autrement dit, celui du partage de sa douleur, à cause de l'amour que le Seigneur nous inspire envers Naomi, sa servante, son enfant.

Revenons maintenant au détail de notre texte.
Nous assistons à un grand mouvement d'intérêt de la part des anciennes amies de Naomi. Celle qui les avait quittées dix ans auparavant est maintenant de retour.
Elles en sont tout excitées et propagent la nouvelle de terrasses en terrasses, de ruelles en ruelles : « Naomi est de retour, venez vite l'accueillir ! »
Or, voici qu'une question émerge de ce brouhaha : « Est-ce vraiment Naomi ? » Si cette question n'avait été que le résultat de la surprise et de la joie de la revoir, le narrateur n'aurait probablement pas pris la peine de la mentionner. Il semble bien qu'elle soit la conséquence d'un changement physique que la souffrance et le deuil ont opéré chez Naomi.
Il n'est pas rare de constater de tels effets chez ceux qui ont traversé de telles épreuves : les traits sont plus marqués, les paupières alourdies de trop de larmes

versées, le dos voûté par le poids de la douleur, la démarche enraidie par trop de tensions accumulées.

Bref, Naomi qui avait peut-être la cinquantaine en paraît soixante.

La réalité, c'est que l'apparence extérieure est le reflet de l'état d'âme de Naomi qui va l'exprimer sans détour, coupant court à la joie exprimée par ses amies.

Elle va user d'un jeu de mot sur son nom pour exprimer la profondeur de son désespoir.

« Ne m'appelez plus Naomi, mais Mara ! »

Ne m'appelez plus Naomi, c'est-à-dire heureuse, belle, gracieuse, douce, mais Mara, c'est-à-dire triste, affligée, amère.

Ne m'appelez plus heureuse mais affligée. Ne m'appelez plus douce mais amère !

Telle est, exprimée en termes tragiques, l'image que Naomi donne à voir d'elle-même.

3) *Naomi, la dépressive ?*

Certains signes cliniques peuvent laisser penser que Naomi traverse une période d'état dépressif.

Nous ne savons si elle souffre d'insomnie ou si elle manque d'appétit mais ce qui est sûr c'est que son regard sur elle-même a totalement changé. Ce n'est plus un regard positif mais un regard orienté vers la dépréciation de soi. Ce n'est plus un regard ouvert aux autres mais un repliement sur soi. La joie de ses amies ne semble pas la toucher ni l'émouvoir, seul compte son désespoir.

Son regard même sur Dieu a changé. Tant qu'elle était au pays de Moab, elle était sous tension, en action, en résistance dans un pays païen. Elle s'investissait dans des projets d'avenir et de bonheur pour ses belles-filles. Et lorsqu'elle invoque la bénédiction de Dieu sur elles et leur foyer à venir, elle utilise le nom de Yahvé, le plus souvent employé pour rappeler qu'Il est le Dieu de la délivrance, fidèle à ses promesses, celui qui est très proche et qui connaît intimement la vie de chaque individu.

Or, voici qu'une fois arrivée à Bethléem, fatiguée par ce long voyage, submergée par l'émotion en revoyant ces lieux familiers et ses amies si chères à son cœur, voici que toutes ses raisons de lutter tombent et qu'elle laisse jaillir sa souffrance trop longtemps contenue, signant son entrée dans une phase de relâchement psychique.

Et, cette fois-ci, lorsqu'elle évoque le nom de Dieu, elle n'utilise plus celui de Yahvé, le Dieu proche à l'écoute, mais un titre bien plus solennel, celui de El-Shaddaï , de Dieu tout-puissant, exprimant par là son sentiment d'abandon et en même temps sa perception d'un Dieu lointain et sévère.

En cela, Naomi rejoint dans leur expérience douloureuse d'un sentiment d'extrême solitude et de total abandon y compris celui de Dieu, les chrétiens qui ont eu à traverser les affres de la dépression nerveuse.

Il reste cependant qu'en invoquant le nom du Tout-Puissant, Naomi, douloureusement consciente de sa faiblesse et de ses besoins, exprime comme dans un souffle, sa foi affaiblie en se référant à Celui qui peut tout.

Un dernier point pour souligner le caractère insidieux de cette pathologie qui le plus souvent se développe à la suite d'une période de stress intense : il s'agit du regard faussé sur les êtres et sur les faits.

Nous avons vu que Naomi jette sur elle-même un regard dépréciateur.

Elle n'est plus la Naomi d'avant et l'identité qu'elle se donne souligne en réalité une perte d'identité pathologique. Elle n'est plus la Naomi d'Elimélek, de Machlon et de Kiljon qui fondait son identité d'épouse et de mère et déterminait sa place dans la société.

Naomi se situe à l'opposé de ce schéma-là.

Son regard est aussi faussé sur la réalité des circonstances présentes.

Certes, elle a perdu des êtres chers mais ce vide prend tant de place en elle qu'il absorbe tout ce qui est positif et bon.

La joie de ses amies et le bonheur de la revoir, loin de réjouir son cœur lui semblent déplacés. La présence de Ruth si attentionnée, si affectueuse ne la freine pas dans l'expression de sa douleur. La récolte d'orge, signe de la bonté de Dieu, la laisse indifférente alors qu'au pays de Moab, c'est cela même qui l'a incitée à rentrer au pays.

Enfin, son regard a aussi changé en ce qui concerne les raisons de sa détresse : avant de quitter Moab, s'adressant à ses belles-filles, elle leur disait : v13 :

« C'est contre moi que le Seigneur s'est tourné. »

Naomi pouvait sous-entendre par là qu'elle était elle-même la cause de cette attitude de Dieu.

Arrivée à Bethléem, sont discours s'est radicalisé : v 21 :

« Le Seigneur Tout-Puissant s'est tourné contre moi et a causé mon malheur ! »

Ici, elle impute à Dieu la triste situation qui est la sienne.

Si, comme je viens de le faire, on s'en tient au schéma interprétatif de psycho-pathologie pour comprendre les réactions de Naomi, cette dernière attitude s'explique par le repliement sur soi.

En d'autres termes, Naomi, submergée par sa souffrance n'a plus de regard que pour elle-même. Elle est en tant que sujet qui observe, l'objet même de son observation, l'objet exclusif de cette observation.

Tout ce qui l'entoure est perçu au travers du prisme déformant de sa solitude et de sa douleur.

Naomi a quitté le terrain d'une saine objectivité pour celui d'une subjectivité trompeuse.

Rappelons-le avec force, il ne s'agit aucunement d'un manque de foi mais des effets délétères de ce qu'on appelle le syndrome dépressif qui signe un effondrement des ressources psychiques à la suite d'un stress profond et traumatisant.

Mieux que tout autres, ceux qui ont connu ces difficiles passages sont à même de comprendre Naomi, l'affligée.

Il va de soi que cette approche peut être l'objet de critique voire de réfutation. Toutefois, et dans l'hypothèse où elle aurait quelque pertinence, il valait alors la peine qu'elle soit exposée.

4) Attitude à avoir avec les déprimés :

Pendant longtemps on a imputé le comportement des chrétiens atteints de ce que l'on nommait alors « neurasthénie » à un manque de foi et de confiance en Dieu, ou encore de manque d'énergie, d'apathie, ou encore
« de passer son temps à s'écouter ».
On sous-entendait par là qu'étant pleinement responsables de leurs pensées et donc de leurs comportements, il fallait les sermonner, les secouer, les réveiller !
Et l'on s'étonnait alors de les voir se renfermer, se replier davantage sur eux-mêmes.
Ou bien, on décidait de les laisser seuls avec eux-mêmes concourant ainsi au même résultat.
Faute de connaissance, on confondait les effets avec les causes.
Fort heureusement et grâce à Dieu, les recherches en neurophysiologie, en psychiatrie et en psychologie ont permis de mettre en évidence les causes de ces maladies parmi lesquelles, des modifications des taux de neuromédiateurs et d'y porter remède de façon médicamenteuse et psychologique.
Il faut, pour être précis, différencier un épisode dépressif et passager comme ce fut probablement le cas pour Naomi, de la dépression installée voire chronique.
Dans tous les cas, il est bon de savoir que ce dont ont besoin ceux qui sont ainsi affligés, c'est de compassion, d'amour, d'attention et de prières.
Ils vivent un drame intérieur déchirant et déstructurant qui leur fait perdre tous repères, dans lequel ils se sentent dévalués et où souvent Dieu leur semble absent.
Bien souvent, ils entendent l'appel lugubre de la mort comme solution d'arrêt à leurs tourments.
Comme Job, ils pourraient s'écrier (Job 3 v 20 à 26) :

« Pourquoi donne-t-Il la lumière à celui qui souffre et la vie à ceux qui ont l'amertume dans l'âme, qui espèrent en vain la mort et qui la convoitent plus qu'un trésor, qui seraient transportés de joie et saisis d'allégresse, s'ils trouvaient le tombeau ? A l'homme qui ne sait où aller, et que Dieu cerne de toutes parts ? Mes soupirs sont ma nourriture et mes cris se répandent comme de l'eau. Ce que je crains, c'est ce qui m'arrive ; ce que je redoute, c'est ce qui m'atteint. Je n'ai ni tranquillité ni repos, ni paix et le trouble s'est emparé de moi ! »

Comme Elie le Tishbite, poursuivi par la haine de Jézabel, femme d'Achab qui en veut à sa vie, qui part se réfugier dans le désert puis, assis sous un genêt, demanda la mort : 1 Rois 19 v 4 :
« C'est assez ! Maintenant, Eternel prends mon âme car je ne suis pas meilleur que mes pères ! »
Ainsi sont réduits à cette extrémité ceux que les assauts de l'adversité ont vidés de leurs forces vives !
« C'est ainsi que Naomi revint du pays de Moab avec Ruth, sa belle-fille moabite » nous rapporte le verset 23 du chapitre 1.

5) *Dieu prend toujours soin de ses enfants :*

La seconde leçon que nous pouvons tirer de cet épisode et qui vient ensoleiller l'atmosphère assombrie par les paroles de Naomi, c'est que la bonté de l'Eternel n'est pas affectée par nos états d'âme. Il est le Dieu bon et fidèle ! Il connaît nos faiblesses naturelles et Il sait jusqu'à quel point notre corps même peut être affecté par nos affects, par nos émotions.
Il ne nous abandonne jamais !

Au cri d'angoisse et d'interrogation de Job, Dieu va répondre - et de quelle manière ! - pour se révéler à lui dans sa grandeur souveraine et créatrice, ce qui fait dire à son serviteur : Job 42) :
« Je reconnais que tu peux tout et que rien ne s'oppose à tes pensées…mon oreille avait entendu parler de toi, mais maintenant mon œil t'a vu. C'est pourquoi, je me condamne et je me repens sur la poussière et sur la cendre. »

De même en fut-il pour Elie le Tishbite, accablé sous son genêt.
L'Eternel ne l'oublie pas et lui envoie un ange pour le nourrir et le fortifier de sorte qu'Elie pourra marcher 40 jours et 40 nuits jusqu'à la montagne d'Horeb.

En ce qui concerne Naomi, et quelle que soit la façon dont on analyse ses réactions lors de son arrivée à Bethléem, une chose est sûre, c'est que l'Eternel ne l'abandonna pas. Nous le découvrirons plus loin lorsque apparaîtra un nouveau personnage, nommé Boaz.
Sa bonté à l'égard de Ruth et de Naomi fera dire à cette dernière : ch 2 v 20 :
« Je vois que le Seigneur garde sa bonté pour nous les vivants comme pour ceux qui sont morts. Qu'Il bénisse cet homme ! »
Or, le nom de Dieu qu'elle emploie ici est celui de Yahvé, le Dieu de la promesse et de la délivrance, le nom que l'on porte dans le cœur et sur les lèvres, car Il est chez les Hébreux le Dieu de la proximité.

Béni soit le Seigneur qui n'abandonne jamais son enfant dans la détresse, qu'elle soit physique, morale ou spirituelle !
Il nous aime d'un amour éternel. Par la bouche de son Fils bien-aimé, Il se plaît à nous redire :
« Venez à moi, vous qui êtes fatigués et chargés, et je vous donnerai le repos. »

Bénis soient ses enfants qui, comme Boaz, savent par leur bonté ranimer les âmes alanguies, apporter le soleil de l'amour de Dieu là où l'ombre de la mort a assombri leurs cœurs !

Que le Seigneur fasse de vous, chers lecteurs, ses divins messagers pour apporter nourriture et courage, comme l'ange le fit pour Elie, vers ceux dont l'épreuve a brisé l'élan de vivre !

IV) Ruth ch 2 v 1 à 7 : la providence divine

1) Rappel :

« C'est ainsi que Naomi revint du pays de Moab avec Ruth, sa belle-fille moabite. Lorsqu'elles arrivèrent à Bethléem, on commençait juste à récolter l'orge. »

Tel est le verset qui clôt le premier chapitre du livre de Ruth en même temps que notre précédente méditation.
Nous pouvons noter que ce dernier verset est introduit par la formule :
« C'est ainsi que.. »
Cette locution nous renvoie à la déclaration de Naomi faite à ses amies qui dut jeter un froid sur l'atmosphère de joie qui entoura son arrivée.

Souvenons-nous de ses paroles empreintes de tristesse :
« Ne m'appelez plus Naomi, l'heureuse, mais appelez-moi Mara, l'affligée ! »

Alors que la terre, désormais féconde salue son retour de concert avec l'accueil chaleureux de ses amies, voici que Naomi se voit comme enveloppée d'un épais nuage qui voile à ses yeux, et la blondeur des épis chargés de grains, et l'éclat radieux des sourires qui lui sont offerts.
Pire que cela, ce nuage du désespoir lui masque le regard bienveillant du Dieu proche qu'elle nommait auparavant du nom de Yahvé pour ne lui laisser entrevoir que celui, plus lointain, d'El Shaddaï, le Dieu Tout-Puissant, celui, dit-elle, qui a causé son malheur.

2) L'arrivée d'un personnage providentiel nommé Boaz :

Le chapitre deux s'ouvre sur l'apparition d'un nouveau personnage dont l'importance va s'accroître au fil du récit.
Le texte nous dit :
« Naomi avait un parent du côté d'Elimélek, son mari. C'était un homme riche et considéré, appelé Boaz. »

Il semble que ce nom signifie « en lui est la force. »
Mais, alors que nous nous attendons à en apprendre plus sur cet homme, voici que l'auteur fait ressurgir à nos yeux la belle-fille de Naomi, Ruth la moabite, comme pour susciter chez le lecteur un surcroît d'intérêt pour le dénommé Boaz.

3) Le glanage, une loi en faveur des plus pauvres :

« Un jour, Ruth, la Moabite, dit à Naomi : permets-moi d'aller dans un champ ramasser les épis que les moissonneurs laissent derrière eux. Je trouverai bien quelqu'un d'assez bon pour me le permettre.
« Vas-y ma fille ! » répondit Naomi. »

Il faut savoir qu'en agissant ainsi Ruth espérait pouvoir profiter de l'ancienne loi qui autorisait les pauvres à glaner dans les champs au temps de la moisson.
Probablement l'apprit-elle de ses voisines ou même directement de Naomi car cette pratique était coutumière (cf : Lévitique 19 et Deutéronome 24).

Permettez-moi, avant d'aller plus loin, de souligner les qualités de cœur de Ruth. Elle sait combien ce travail est pénible et humiliant. Elle se souvient de ce qu'était la condition sociale de sa belle-mère à l'époque où tout allait pour le mieux avec

Elimélek et ses deux fils, et elle la voit maintenant abattue, usée par le chagrin et par l'âge, dénuée de tout.

C'est alors que voulant lui épargner de la fatigue et une humiliation supplémentaire, Ruth prend la décision, ô combien admirable et exemplaire, de se charger de cette tâche ingrate !

4) Leçon à tirer :

S'oublier soi-même pour le bonheur de l'autre, pour son bien-être, telle est la grande leçon que nous avons à tirer à notre époque où fleurissent les individualismes et tous les égoïsmes !

Ne laissons pas nos cœurs se dessécher face à la détresse de nos proches ou de nos semblables, bercés par les brises du confort mais laissons-nous stimuler par cette attitude évangélique que nous offre Ruth, la Moabite, servante de l'Eternel !

5) Un Dieu providentiel :

Nous pouvons donc imaginer aisément cette jeune femme, probablement intimidée, elle l'étrangère, elle qui ne connaît pas la région, se mêler aux autres femmes qui marchent vers les champs et se mettre à lier les gerbes fraîchement coupées par les moissonneurs qui travaillent en tête.

Puis, arrivées au bout du champ, pliées en deux, récolter à la main les épis qui ont échappé au tranchant de la faucille.

Et c'est effectivement ce que va faire Ruth.

« Elle partit donc et alla glaner dans un champ, derrière les moissonneurs.
Or, il se trouva que ce champ appartenait à Boaz, le parent d'Elimélek. »

Cette mention du nom du propriétaire peut paraître anodine de prime abord, sauf que ce nom est celui de la personne que l'auteur a judicieusement mentionné sans plus, au début du récit, comme pour mieux susciter notre intérêt.

Mention pouvant paraître anodine mais qui, en réalité, est tout le contraire car elle va marquer un changement radical dans la destinée de Naomi et de Ruth et bien plus encore, dans la destinée de l'humanité tout entière !

Nous allons assister là à un retournement de situation, à un changement de perspective dont seul le Dieu souverain a le secret.
En un mot, nous découvrons dans cette courte phrase : « et il se trouva que ce champ appartenait à Boaz, le parent d'Elimélek », comme un condensé des desseins de Dieu envers Ruth et par delà son humble servante, envers toutes ses créatures humaines.

« Il se trouva que.. » n'a donc rien de fortuit mais sous-entend, au contraire, comme nous allons le voir, une intention de Dieu qui va s'opérationnaliser au travers de ce qu'on appelle, sa providence, qui Le définit comme le Dieu qui voit et pourvoit.
Cette notion de providence dont nous allons découvrir les développements concrets dans la vie de Ruth et bien au-delà, doit être pour chaque enfant de Dieu l'objet constant de sa reconnaissante méditation, le sujet permanent de son action de grâce, en un mot, le rocher sur lequel sa foi doit rester solidement ancrée.
S'il nous fallait donner un nom propre à la providence divine, il ne pourrait être que celui de Jésus-Christ qui, non seulement a vu, mais aussi qui a pourvu.
Il a vu du haut des cieux notre état de perdition ; Il est venu parmi nous et Il a pourvu à notre salut en nous donnant sa propre vie.
C'est ainsi que notre histoire pourrait débuter, elle aussi par ces mots :
« Il se trouva que…Dieu, ayant tellement aimé les hommes, leur donna son Fils unique, afin que quiconque croit, ne périsse pas mais qu'il ait la vie éternelle. »

Telle était, sur le plan matériel, la situation de Naomi et de Ruth, sans autre moyen de subsistance que ce recours à cette loi de protection sociale, le glanage, archétype de notre RMI, à cette différence près non négligeable que ses bénéficiaires devaient faire l'effort d'aller récolter leur pitance.

Et, c'est ici que la providence de Dieu va se manifester.

En effet, alors que l'on sait que les terres cultivables étaient délimitées en bandes non par des haies mais par des bornes, c'est vers celle appartenant à Boaz, que Ruth se trouve être « fortuitement » ou par « hasard » conduite, entraînée, selon les traductions. A quelques mètres près, elle aurait pu se retrouver sur la parcelle mitoyenne.

La suite des évènements va nous montrer que l'utilisation du mot « hasard » n'a d'autre but que de souligner, non sans humour, le caractère providentiel de la situation décrite.

Proverbes 16 v 9 :

« Le cœur de l'homme médite sa voie ; mais, c'est l'Eternel qui dirige ses pas. »

Pour l'heure, et alors que Ruth courbée en deux s'adonne au dur labeur du glanage, gardons à l'esprit qu'elle ne sait rien des liens familiaux avec Boaz. Peut-être vient-elle de découvrir son nom de la bouche de ses compagnes de travail et a-t-elle déjà envers lui un sentiment de reconnaissance puisque son chef d'équipe l'a autorisée à glaner.

N'avait-elle pas dit à Naomi : « Je trouverai bien quelqu'un d'assez bon pour me permettre de glaner. »

C'est donc dans cet état d'esprit que la jeune femme met toute son ardeur à glaner le maximum d'épis.

6) Un homme providentiel :

C'est alors que Boaz fait son apparition, arrivant de Bethléem.

Sa salutation est chaleureuse :

« Que le Seigneur soit avec vous ! » dit-il en embrassant du regard tous ses ouvriers.

Salutation qui semble démontrer une grande piété envers l'Eternel qui a sa place dans son quotidien même le plus terre-à-terre. Une grande piété mais aussi de la bonté envers ses employés sur lesquels il appelle la bénédiction divine.

« Que l'Eternel soit avec vous ! » formule consacrée familière qui prend ici un relief particulier.

Laissez-moi vous dire, chers lecteurs, combien je rêve d'un monde où chacun saluerait son vis-à-vis par cette prière bienfaitrice qui interpelle le Très-Haut pour déverser sur lui toutes les grâces qu'Il tient en réserve ; un monde où l'autre ne serait plus un concurrent ou un adversaire ou un ennemi, pas plus qu'un subalterne mais un frère digne de la plus grande considération et du plus grand amour, un monde dirigé par des hommes comme Boaz qui ne se pose pas en patron ou en maître, mais en intercesseur !

Que dis-je, je rêve d'un monde où toute autorité enfin soumise au Christ, l'autorité suprême, n'aurait pour seul moteur et pour seul désir que de promouvoir son amour éternel et que d'en appeler à sa grâce infinie pour déverser, non plus sur ses subordonnés mais sur ses protégés, les torrents de sa bonté !

Et lorsque je vois la violence aveugle, cruelle, inhumaine et anarchique sévir dans certains pays, alors, mon rêve se mue en une prière chargée de larmes vers mon Dieu Tout-Puissant, Dieu d'amour et de grâce.

« Que le Seigneur soit avec vous ! »

Qu'Il vous éclaire sur la méchanceté de votre cœur en même temps que sur sa propre bonté ; qu'Il métamorphose votre cœur de pierre en un cœur de chair ; qu'Il vous transforme par la puissance de son amour et change votre vie infernale en un jardin d'Eden !

Que par sa grâce, vous soyez enfin des hommes ! »

« Que le Seigneur soit avec vous ! » telle est aussi l'invocation que doit dicter notre cœur à l'adresse de nos bien-aimés qui ne Lui ont pas remis les rênes de leurs vie, avec la ferme espérance qu'Il ne se lassera pas de les inviter à ce geste salutaire de reconnaissance et de foi.

Or, voici qu'au moment où s'élève de notre cœur suppliant cette sainte requête, surgit de notre mémoire cette parole de notre Maître au moment de son élévation :
« Je suis avec vous tous les jours jusqu'à la fin du monde ! »

C'est ainsi que depuis ce jour, cette prière, désormais exaucée en ce qui concerne les Rachetés, peut prendre pour eux la forme d'un acte de foi prononcé sans réserve en ces termes :
« le Seigneur est avec nous ! »
« le Seigneur est avec toi ! »
« le Seigneur est avec vous ! »

Alors que la prière nous place dans une position d'attente confiante, l'acte de foi nous autorise à jouir dès à présent du bienfait offert.

Dès lors, tenons-nous entre nos mains le seul message susceptible de relever notre frère le plus bas tombé, ou celui que l'épreuve et la souffrance ont brisé, ou celui que le doute assaille, ou celui que l'âge a amoindri ; à celui-là ou à celle-là, sachons lui dire avec le ton que nécessite son état : « Le Seigneur est avec toi ! »

Et, lorsque individuellement ou en église, les bontés de Dieu abonde, lorsque dans la joie reconnaissante nous pouvons faire le compte de ses bienfaits, que dire de plus approprié sinon :
« Le Seigneur est avec nous ! »

A ceux qui parmi vous, chers lecteurs, se sentiraient spirituellement indigents ou aspireraient à la présence de Dieu dans leurs vies, laissez-moi vous adresser la salutation de Boaz :

« Que le Seigneur soit avec vous ! »

7) *Le maître et ses serviteurs :*

Revenons à nos moissonneurs ! La salutation de Boaz ne les a pas laissés indifférents. A leur tour et à la manière d'un chœur répondant au soliste, ils s'écrient :
« Que le Seigneur te bénisse ! »
Merveilleux échange entre un maître et ses employés !
Echange surréaliste pour notre époque qui voit s'affronter les radicalismes patronaux tout autant que syndicaux.
An nom des Droits de l'homme, les hommes sont en lutte les uns contre les autres dans des conflits non moins surréalistes car souvent paradoxaux.
Merveilleux échange donc, au centre duquel ce n'est point l'homme qui trône, mais l'auguste personne de Celui qui est créateur et pourvoyeur de tout bien, de celui qui est le trait d'union entre les hommes !

Or, voici qu'à ce modeste mais émouvant chœur terrestre se surimpressionne à mes yeux et à mes oreilles un autre chœur riche de milliers de voix, chœur céleste celui-là, où celui qui parle en solo n'est pas Boaz mais le Christ ressuscité, l'Agneau crucifié mais vivant et où le chœur est constitué des cohortes d'anges et de rachetés.
J'entends alors sa voix claire traversant le temps et l'espace pour dire à ses rachetés, enfin rassemblés :
« Je vous aime d'un amour éternel ! »
Et j'entends le chœur des rachetés, tous anciens rebelles, anciens pécheurs, petits voleurs ou grands criminels, orgueilleux patentés ou faux modestes, grands menteurs

ou petits filous, vous et moi, tous touchés un jour par la grâce de Christ, Lui répondre dans une harmonie jamais atteinte qui fait vibrer toutes les cordes de l'univers avec une puissance telle que nul ne peut échapper à ses accents glorieux, par les paroles de ce refrain sublime :

« L'agneau qui a été immolé est digne de recevoir la puissance, la richesse, la sagesse, la force, l'honneur, la gloire et la louange !
A Celui qui est sur le trône et à l'Agneau,
Soient la louange, l'honneur et la force,
Aux siècles des siècles. Amen ! »

Comment ne pas voir dans cet échange entre Boaz et ses serviteurs, échange riche de reconnaissance et de respect mutuel centré autour de la personne de l'Eternel le Seigneur, point de convergence de leur intercession réciproque, comment ne pas voir dans cette harmonie de sentiments et de foi, une préfiguration discrète mais non moins émouvante des évènements célestes que nous venons d'évoquer ; échange tout aussi discret et émouvant que le repas du Seigneur que nous partageons et qui préfigure le grand repas des noces de l'Agneau !

Après cet échange de salutations, Boaz qui connaît chacun de ses moissonneurs et de ses glaneuses, remarque la présence de Ruth et interroge son chef d'équipe :
« A qui est cette jeune femme ? »
« C'est la jeune Moabite, celle qui a accompagné Naomi à son retour de Moab. Elle a demandé la permission de glaner derrière les moissonneurs. Elle est venue ce matin et jusqu'à maintenant, c'est à peine si elle s'est reposée. »
« A qui est cette jeune femme ? »
La question de Boaz n'a rien de désobligeant car dans les sociétés tribales ou claniques, toute femme appartenait à quelqu'un. Par contre, elle montre l'intérêt que Boaz porte personnellement à ceux qui travaillent pour lui.

En l'occurrence, nous le voyons ici s'intéresser à Ruth qu'il découvre pour la première fois.

Nous apprenons aussi que Ruth a dû demander le droit de glaner car étant étrangère, il ne lui était pas acquis automatiquement.

A cet égard, nous pouvons remarquer trois éléments importants :
- Le premier, c'est la confiance que Boaz accorde à son contremaître qui a pouvoir d'embaucher du personnel.
- Le second, c'est que ce contremaître est un homme de cœur.
- Le troisième, c'est qu'en embauchant Ruth, il sait que son maître ne le critiquera pas car il le connaît bien et car il sait aussi que son maître est plein de bonté.

8) La bonté au cœur de cet épisode :

Et voici donc que ressurgit non sans bonheur la notion de bonté !

Nous l'avons déjà largement abordée en parlant de l'attitude de Naomi envers ses belles-filles, puis évoquée au travers de celle de Orpa et de Ruth envers Naomi, enfin elle a émergé dans la prière de Naomi qui en appelle à la « hèsed » de Dieu envers elles.

Or, ce thème récurrent dans le livre de Ruth réapparaît ici concernant le personnage de Boaz.

Nous allons pouvoir constater que ce thème est inépuisable et que nous ne finirons pas d'être étonnés de sa richesse et de la multiplicité de ses champs d'expression.

9) Récapitulatif :

Je vous invite maintenant à relever les principales leçons qui ont surgi au cours de notre réflexion :

1) Souvenons-nous du courage, de l'humilité et de l'amour plein de délicatesse de Ruth qui accepte non seulement d'aller travailler au champ, mais surtout de

s'abaisser à demander le droit d'accomplir ce travail peu honorant. N'oublions pas que si elle était restée dans son pays elle aurait pu se marier à un riche propriétaire ! Ruth a su s'oublier elle-même pour le bonheur de Naomi sa belle-mère, confiante en la « bonté de l'Eternel ».
Laissons-nous interpeller par son exemple !

2) Ruth va être guidée sans le savoir vers le champ de celui qui aura le droit de rachat, à savoir Boaz. Cette rencontre, comme nous le verrons, va bouleverser sa vie.

Nous pouvons nous sentir dénué de tout, dépourvus de tous moyens, déprimés comme Naomi, étranger comme Ruth : n'oublions jamais la providence de notre Dieu ! Il saura guider nos pas vers la bonne parcelle et nous pourrons dire un jour : « Il se trouva que …. »

3) « Que le Seigneur soit avec vous ! »
Puissions-nous le dire avec conviction à tous ceux que nous rencontrons, sinon verbalement dans tous les cas par une présence d'amour qui rende le Christ présent à travers nous, toujours conscients et reconnaissants de ce que :

« Le Seigneur est avec nous ! »

4) Dernier point, sachons nous intéresser comme Boaz le fit pour Ruth, à ceux que le Seigneur place sur notre chemin.
Dans ce monde d'indifférence souvent criminelle, apportons la chaleur de notre amour, seule capable de faire fondre les cœurs les plus endurcis.

« Que le Seigneur soit avec vous ! »

« Le Seigneur est avec nous ! »

V) Ruth ch 2 v 8 à 12 : l'amour n'a pas de barrières

1) Rappel :

Avant de nous pencher sur le texte qui relate la rencontre de Ruth, la Moabite, avec Boaz, riche propriétaire de Bethléem et parent d'Elimélek,
laissez-moi revenir en arrière pour évoquer les points principaux de notre précédente méditation.
Il apparaît que le thème qui revenait en permanence était celui de la bonté.
Impossible d'y échapper !
Quel que soit l'angle par lequel on aborde le récit, elle est là, omniprésente, parfois sous-jacente, le plus souvent manifestement exprimée.
Bonté de Ruth qui a le courage d'aller quémander l'autorisation de glaner, elle, l'étrangère, afin de pourvoir aux besoins de sa belle-mère, Naomi.
Bonté du contremaître de Boaz qui accepte qu'elle s'intègre au groupe de femmes venues pour le glanage des épis.
Bonté de Boaz, le maître, propriétaire de la parcelle qui salue ses ouvriers en invoquant la bénédiction de l'Eternel.
Enfin, bonté de l'Eternel – Celui qui voit et pourvoit – et qui dirige providentiellement les pas de Ruth vers le champ de Boaz.

Quelle belle et douce atmosphère se dégage de ce récit !
Combien nous aimerions que nos journaux se fassent les échos de telles manifestations de bonté !
Hélas, au lieu de cela, nous assistons à une surenchère d'informations qui mêlent le sordide à l'abject, la cruauté à l'immoralité, l'innommable à l'inconcevable.
Il n'est pas d'endroit sur cette terre dont le ciel ne soit assombri par les nuages de la méchanceté de l'homme à l'égard de son semblable – conflits familiaux, conflits

ethniques, conflits religieux, conflits de générations, conflits raciaux, conflits d'intérêt, conflits entre Etats !

2) *Petites lumières dans la nuit :*

Et, au milieu de cette mer agitée par les passions humaines, émergent, battus par ces flots tout droit sortis de l'abîme, des îlots de résistance,
derniers bastions des grandes vertus humaines que sont l'altruisme et l'amour du prochain, vertus que le Dieu créateur continue à cultiver par grâce dans le cœur des hommes et des femmes de bonne volonté.

Certes, il est vrai que nombre de ceux qui militent le plus souvent de façon désintéressée dans les organisations humanitaires ou qui oeuvrent dans leur quartier de façon anonyme, ne le font pas au motif ultime de plaire à Dieu, cependant, nous ne pouvons nier qu'à défaut de les sauver, leurs œuvres bonnes les honorent et manifestent la bonté de leur cœur si celui-ci est droit et sincère et exempt d'intérêt particulier.
Dès lors, il nous est difficile d'imaginer que le Seigneur soit insensible à de tels élans de bonté ou avare de gratifications envers eux.

« Tu aimeras ton prochain comme toi-même » tel est le second commandement qu'appliquent certains de nos contemporains qui n'ont pas toujours eu le privilège d'entendre celui qui le précède :
« Tu aimeras le Seigneur ton Dieu, de toute ta force, de toute ton âme de toute ta pensée ! »
Puisse le Seigneur se révéler à eux dans sa souveraineté et dans sa grâce !
Rendons Lui grâce de nous permettre de contempler, ici ou là, ces témoignages de bonté qui sont autant de signes de sa part qu'Il n'a pas abandonné ses créatures et qu'Il use de patience envers tous.

Ne désespérons jamais et mettons tout en œuvre pour qu'en appliquant ses deux premiers commandements, nos propres vies, nos familles, nos églises constituent ces îlots salvateurs brillant sur l'océan de ce monde des mille feux de sa bonté !

3) Une rencontre prometteuse :

Nous voici à présent de retour auprès de Ruth et de Boaz qui vient d'interroger son chef d'équipe sur l'identité de la jeune femme.
Souvenons-nous de la réponse de ce dernier :
« C'est la jeune Moabite, celle qui a accompagné Naomi à son retour de Moab. Elle a demandé la permission de glaner derrière les moissonneurs. Et depuis ce matin qu'elle est venue, elle est restée debout jusqu'à présent ! »

Boaz s'adresse alors directement à Ruth et ses paroles vont nous conforter dans notre sentiment d'être en présence d'un modèle de bonté.
Ecoutons-le :
« Ecoute mon conseil. Ne va pas glaner dans un autre champ ; reste ici et travaille avec mes servantes. Observe bien à quel endroit le champ est moissonné et suis les femmes qui glanent. Sache que j'ai ordonné à mes serviteurs de te laisser tranquille. Si tu as soif, va boire de l'eau dans les cruches qu'ils ont remplies. »

En un mot, Boaz offre à Ruth, la jeune étrangère venue d'un pays souvent ennemi de Juda, non seulement les moyens de sa subsistance mais de surcroît, sa protection !
Il va même jusqu'à lui indiquer comment accomplir son travail sans problème et prend soin de lui dire que faire lorsqu'elle aura besoin de se désaltérer.
Il faut savoir que Ruth n'avait aucun droit à l'eau précieuse qu'on devait apporter du puits, souvent par petites quantités. Or, ici, et contrairement à l'usage, ce sont de jeunes hommes qui vont tirer l'eau.

De toute évidence, la jeune femme ne pouvait s'attendre à être traitée avec autant de respect et elle nous apparaît bouleversée par tant de générosité.
Tout au plus pouvait-elle espérer obtenir de quelqu'un d'assez bon – selon ses propres termes – le droit d'aller glaner !

Mais, là, c'est le comble ! Non seulement elle obtient ce droit mais, en plus, elle pourra se désaltérer – ce qui n'est pas un moindre privilège sous un soleil qui dessèche tout – et elle reçoit l'assurance du propriétaire que personne ne lui cherchera noise !
La générosité de Boaz la bouleverse profondément.
« Pourquoi me traites-tu avec tant de bonté et t'intéresses-tu à moi qui suis une étrangère ? » lui répond-elle.
Ses paroles en disent long sur ce qu'un étranger, de surcroît une femme, pouvait attendre en termes de considération de la part des habitants du pays d'accueil !

La réponse de Boaz vaut la peine qu'on s'y attarde quelque peu :
« On m'a raconté comment tu as agi à l'égard de ta belle-mère depuis que ton mari est mort. Je sais que tu as quitté ton père, ta mère et le pays où tu es née pour venir vivre au milieu d'un peuple que tu ne connaissais pas auparavant. Je souhaite que le Seigneur te récompense pour tout cela. Oui, que le Seigneur, le Dieu d'Israël te récompense abondamment, puisque c'est sous sa protection que tu es venue te placer. »

Les paroles de Boaz sont d'une telle richesse d'enseignement que nous nous devons de prendre le temps de les analyser et d'en tirer les leçons utiles.

4) Boaz, un exemple à suivre :

En premier lieu, Boaz fait état de ce qu'il a appris de la bonté de Ruth pour Naomi. En d'autres termes, « le bon témoignage » que Ruth a donné n'est pas resté dans l'ombre et il a suscité l'admiration de tous ceux qui s'en sont fait l'écho. Et Boaz y a été sensible et ceci d'autant plus qu'il se souvient qu'elle a perdu son mari, condition dont il mesure la détresse et l'infortune.

5) Quelques leçons à tirer :

Non aux préjugés !

La première concerne l'attitude de Boaz envers une étrangère qui plus est une Moabite ! N'oublions pas que Juda eut souvent à subir les assauts et même le joug des Moabites.

Boaz aurait pu légitimement nourrir à leur encontre outre des préjugés des plus défavorables, une haine ou une rancœur compréhensibles.

Or, ce n'est pas le cas et son attitude démontre le contraire.

Certes, pourrait-on objecter, mais il avait entendu dire que Ruth était une bonne belle-fille !

C'est, cependant, faire peu de cas du caractère tortueux du cœur de l'homme qui assimile si facilement l'individu au groupe dont il est issu !

Ainsi Boaz aurait-il pu tenir le raisonnement suivant :

« Tous les Moabites sont nos ennemis de père en fils, il n'y a pas de raison pour que Ruth soit différente. Tel père, telle fille ! Son attitude est une mascarade ! »

Or, nous ne devons pas oublier que Boaz lui-même, a donné l'ordre à ses serviteurs de la laisser tranquille !

Ne croyons pas qu'il a voulu les empêcher de lui compter fleurette !
Non, c'est bien parce que Boaz connaissait les sentiments de ses compatriotes à l'égard de ceux de Moab !

La question qui se pose à nous est bien le « pourquoi » d'une telle attitude.
A cela nous pouvons voir deux raisons qui prennent leur source dans la « piété » de Boaz, autrement dit dans son attachement à l'Eternel et à ses commandements.
Or, un tel attachement ne peut que produire, par la grâce de Dieu, de bons fruits parmi lesquels :
- un changement de regard sur les autres et donc un changement au niveau des sentiments pour eux : c'est ici la première raison.
- un désir d'obéir à ces mêmes commandements pour plaire à l'Eternel : c'est ici la seconde raison.

N'oublions pas que même sous la loi, la Parole de Dieu, parole vivante, parole de vie, est capable d'opérer des transformations dans les cœurs de ceux qui s'en nourrissent par l'action de l'Esprit Saint qui l'a inspirée.
Certes, on ne parlera pas de « nouvelle naissance » au sens néotestamentaire du terme, mais, cependant, force nous est de reconnaître que l'Esprit Saint ne s'est pas mis au chômage pendant cette période.

Pour preuve, cette capacité de Boaz à s'intéresser à Ruth, représentante d'un peuple ennemi ; cette capacité à s'adresser à elle comme à une personne respectable en laissant de côté tous préjugés ; cette capacité à la créditer du bon témoignage qui lui est rapporté.

Quelle ouverture d'esprit, quelle largeur de vue, quelle indépendance de pensée mais aussi, surtout, quelle grandeur de cœur !

Boaz est capable de voir en Ruth, non pas celle qui vient de Moab, trimballant avec elle toutes les tares de son peuple , mais une jeune veuve, expatriée, pleine d'amour pour sa belle-mère et pour l'Eternel.

C'est ainsi que, riche de ces sentiments de bonté, Boaz les met en œuvre en obéissant au commandement divin :
- Tu aimeras l'étranger (Deutéronome 10 v 19)
- Tu l'aimeras comme toi-même (Lévitique 19 v 34)
- Tu ne l'opprimeras pas (Exode 23 v 4)
- Tu ne le maltraiteras pas (Exode 22 v 24)
- Tu le soutiendras (Lévitique 25 v 35)

6) Application pour notre temps :

Combien il est actuel, chers lecteurs, ce témoignage de Boaz, alors que le problème de l'immigration se pose en termes difficiles à nos gouvernants qui sont appelés à prendre des décisions qui relèvent de leurs hautes responsabilités et qui embrassent des domaines aussi variés que la démographie, la géopolitique, l'économie intérieure, le marché du travail, le logement ou les relations extérieures.
Ne nous lassons pas de prier pour nos dirigeants afin que Dieu leur donne la sagesse !

Témoignage actuel, car en la matière, il concerne chacun de nous au quotidien dans nos contacts avec les immigrés de première, de deuxième ou de troisième génération.
Or, il faut bien l'avouer, il nous est parfois difficile, face aux agissements répréhensibles d'une minorité, de ne pas céder à l'amalgame et de ne pas nourrir des préjugés négatifs qui enferment tous les immigrés dans le même sac.
Ce faisant nous nous enfermons sur nous-mêmes et nous fermons notre cœur à l'autre, à l'immigré, devenu par là l'étranger, l'étrange, celui que l'on ne comprend pas, celui qui inspire de la crainte.

Or, tout dans la Parole de Dieu s'élève contre une telle attitude.

De l'Ancien Testament au Nouveau Testament résonne comme un leit-motiv cette parole divine :

« Tu aimeras ton prochain comme toi-même. »

« Tu aimeras ton ennemi. »

« Tu aimeras l'étranger comme toi-même. »

Qui a dit que la foi chrétienne était une démarche de faible, de handicapé mental, un refuge pour démobilisés, un hôtel-dieu d'assistés ?!

A ceux-là, nous pouvons répondre :

« Montrez votre supériorité en mettant en pratique cet amour du prochain que prône l'Evangile ! Dites-nous à quelle source vous irez puiser cette force d'aimer ? Mieux que cela, dites-nous où vous allez chercher la volonté d'aimer, si d'aventure, vous attribuez à cette démarche une quelconque vertu ?

Non, la foi chrétienne n'emprunte pas les larges avenues de la facilité ou pire de la lâcheté ou encore de la faiblesse, elle chemine sur des sentiers tortueux et difficultueux qui pour les arpenter imposent abnégation, don de soi, courage, persévérance, amour et fidélité !

La foi chrétienne se vit comme un combat, un combat contre le mal autour de soi, certes, mais avant tout un combat en soi contre les métastases de ce que la Bible appelle le « péché », véritable cancer de l'âme, profondément enraciné dans notre orgueil et notre égoïsme naturels.

Dès lors, comme Boaz, rejetons vigoureusement tout préjugé, tout amalgame et tout jugement réductionniste, pour voir dans «l'autre », celui que Dieu a mis sur notre chemin, notre « prochain » que nous avons le devoir, que dis-je, le bonheur de pouvoir aimer de l'amour même de Dieu.

Et, s'il fallait un dernier argument pour étayer cette exhortation, il suffirait de lire ce magnifique texte de l'apôtre Paul adressé aux chrétiens d'Ephèse dans lequel il nous rappelle notre condition originelle d'étrangers à la maison de Dieu.

Ephésiens ch 2 v 12, 19 :

« Vous étiez en ce temps-là sans Christ, privés du droit de cité en Israël, étrangers aux alliances de la promesse, sans espérance et sans Dieu dans le monde. Mais maintenant, en Jésus-Christ, vous qui étiez jadis éloignés, vous avez été rapprochés par le sang de Christ.....v19 : ainsi donc, vous n'êtes plus des étrangers ni des gens du dehors, mais vous êtes concitoyens des saints, gens de la maison de Dieu. »

N'oublions donc jamais que Jésus-Christ, notre Sauveur nous a aimés, nous des étrangers à sa maison, d'un amour tel qu'Il a donné sa vie pour nous afin que nous devenions « enfants de Dieu ».

7) Prière :

Puisse le Seigneur ouvrir nos cœurs aux besoins d'amour, de soutien, de compréhension, de fraternité et de sécurité de tous ceux qui, pour des raisons diverses et variées, se sentent étrangers dans notre société ou tout simplement exclus par elle !

Tel est un des challenges que nous impose notre statut « d'enfant de Dieu ». Ne nous contentons pas de formuler des vœux pieux mais, soyons de ceux qui obéissent à la voix de leur Maître, à l'instar de Boaz de Bethléem : « Tu aimeras... ! »

8) La psychologie de l'amour :

La seconde leçon que nous pouvons tirer du discours de Boaz adressé à Ruth, concerne l'intérêt qu'il porte de façon particulière à la jeune veuve, non plus comme à une étrangère, mais comme à une personne en tant que telle, comme à un individu.
Souvenons-nous que le mot « individu » a la même racine que le mot « indivisible » (lat : individuum)
En d'autres termes, chaque individu porte en lui des caractères distinctifs qui fondent son originalité et sa personnalité. C'est ainsi que chacun est le résultat d'une histoire qui n'appartient qu'à lui seul et qui fait de lui un être unique.
Plus précisément, chacun se construit à partir de son génotype (ensemble des gènes reçus du père et de la mère) et de son phénotype (ensemble des évènements structurants extérieurs). Autrement dit, l'inné et l'acquis contribuent à faire de chacun un être unique, un individu.

Ce qui caractérise en l'occurrence le personnage de Boaz, c'est la nature du regard qu'il porte sur Ruth. Il s'agit d'un regard qui s'attache à la personne elle-même et qui embrasse l'histoire présente et passée de la jeune Moabite.
Un regard de bonté, certes, mais qui est servi par une grande sensibilité.
Un regard qui ne se contente pas d'observer l'autre en gardant une certaine distance, tel le regard du psychologue clinicien qui fait preuve d'empathie, mais un regard qui s'approche de l'autre assez près pour partager sa souffrance. C'est ce qu'on appelle la sympathie.

Comme nous l'avons souligné, Boaz a été sensible à la façon dont Ruth a entouré sa belle-mère ; cependant, il va plus loin encore en évoquant l'histoire de la jeune Moabite pour mieux la comprendre.
En psychologie, on parlerait de l'anamnèse de Ruth.

Boaz mentionne le fait que « Ruth a perdu son mari », soulignant de façon implicite qu'il comprend son chagrin et sa douleur, ce qui donne plus de relief encore à son dévouement envers Naomi.

Puis il fait un retour sur son histoire récente qui dénote là aussi une étonnante capacité à pointer du doigt les éléments importants de la vie de Ruth.

« Je sais que tu as quitté ton père, ta mère et le pays où tu es née pour venir vivre au milieu d'un peuple que tu ne connaissais pas auparavant. »

Au-delà de l'analyse sobre et pleine de finesse digne d'un psychologue,
se dessine le portrait d'un homme de cœur et d'expérience qui montre ici une expertise forgée par une habitude évidente à s'intéresser à ses semblables d'où qu'ils soient et quels qu'ils soient.

Boaz n'a pas étudié la psychologie mais l'amour qui habite son cœur a développé en lui une perception fine et approfondie des réalités humaines.

Manifestement, Boaz compatit avec Ruth mais, en même temps, nous ne pouvons nous empêcher de voir entre les lignes une grande admiration pour la jeune femme.
Et c'est cette admiration sur laquelle nous allons nous pencher quelques instants pour la partager avec Boaz.

En effet, sans le savoir mais à cause de la confiance qu'elle vient de mettre dans le Dieu de Naomi, d'Abraham, d'Isaac et de Jacob, Ruth anticipe sur la parole de Jésus-Christ, son illustre descendant.

Luc 14 v26 :

« Celui qui vient à moi doit me préférer à son père, à sa mère, à sa femme, ses enfants, ses frères, ses sœurs et même, à sa propre personne. Sinon, il ne peut pas être mon disciple. »

Il ne fait pas de doute que Boaz connaît les mobiles supérieurs qui ont dicté une telle conduite chez Ruth. Les nouvelles vont vite dans les villages et Naomi n'a pas dû se priver de répéter les paroles d'engagement de sa belle-fille.
« Ton peuple sera mon peuple, ton Dieu sera mon Dieu. »
C'est pourquoi, nous ne sommes pas étonnés de la réponse de Boaz dont nous mesurons davantage la réelle piété.
« Je souhaite que le Seigneur te récompense pour cela. Oui, que le Seigneur, le Dieu d'Israël, te récompense abondamment, puisque c'est sous sa protection que tu es venue te placer. »

Cette invocation de Boaz en faveur de Ruth qui semble tout droit jaillie de son cœur, est doublement remarquable pour ne pas dire admirable.

En premier lieu, parce qu'elle s'inscrit remarquablement dans l'esprit des préceptes d'intégration de l'étranger tels que définis dans le livre de l'Exode ou celui du Lévitique ; mais aussi, parce qu'elle se démarque des pratiques courantes alimentées par l'idée de supériorité du peuple d'Israël par rapport aux autres nations, peuple élu chez qui l'on perçoit un relent de xénophobie à laquelle Boaz ne cède pas ; mais aussi, cette invocation est remarquable parce que Boaz s'affranchit de la coutume qui accorde peu de considération à la femme, en plaçant Ruth au cœur même de sa supplique !

Quelle belle leçon ne nous laisse-t-il pas, alors qu'en ce XXI° siècle, dans notre société dite civilisée et avancée, on enregistre en France le décès d'une femme battue tous les quatre jours !

Le second point remarquable devrait attirer notre attention.
En effet, au fur et à mesure que Boaz déroule sa prière devant Dieu et qu'apparaissent les mots de « récompense » et de « protection », se détachent comme en

surimpression et en relief les mesures d'aide, de soutien et de sécurité qu'il vient juste de prendre en faveur de Ruth.

Autrement dit, sa prière n'est pas une simple formulation aussi convaincue soit-elle, des vœux aussi pieux soient-ils, mais elle est précédée et accompagnée par un début d'exaucement dont Boaz lui-même est l'auteur.
En d'autres termes, la piété de Boaz est exemplaire car elle est un modèle d'équilibre entre « prière » et « action ».
Non seulement Boaz prie mais Boaz agit !
Piété contemplative et orante, certes, mais aussi, piété agissante !

9) La prière efficace selon le cœur de Dieu :

C'est à ce juste équilibre vers lequel le chrétien est appelé à tendre.
Le chrétien est ici-bas le bras armé de Dieu et c'est donc vers Lui qu'il doit aller chercher et aiguiser ses armes.

Equilibre difficile à réaliser car, selon nos tempéraments, nous pouvons être soit davantage portés à l'action soit au contraire à la contemplation.
Il importe donc que chacun recherche auprès du Seigneur les ressources nécessaires pour atteindre un tel équilibre.

10) Conclusion :

Résumé des leçons tirées de notre texte :

1)   Soyons reconnaissants pour les îlots de bonté que le Seigneur nous offre dans ce monde de violence. Prions pour qu'Il bénisse ceux qui ont à cœur de soulager ceux qui souffrent et qu'il se révèle à eux dans sa dimension de créateur et de sauveur.

2) Comme Boaz, ouvrons nos cœurs à l'étranger qu'elle que soit son « étrangeté ». Aimons-le en paroles et en actes.

3) Aimons-le en tant qu'individu avec son histoire propre, ses souffrances, ses besoins, ses espoirs. Ne nous laissons pas enfermer dans des clichés mais soyons sensibles à l'autre.

4) Ne faisons acception de personne. Notre amour doit être ouvert à tous : il n'y a plus ni juifs, ni grecs, ni arabes, ni noirs, ni hommes ni femmes ! L'Evangile est offert à tous !

5) Comme Boaz, laissons-nous pénétrer et transformer par la Parole de Dieu et soyons obéissants.

6) Que notre vie chrétienne soit marquée par ce va-et-vient incessant entre la prière et l'action, gage d'efficacité dans notre témoignage.

7) Enfin, que notre vie soit évocatrice de notre confession de foi comme ce fut le cas de Ruth. Boaz avait appris son amour pour sa belle-mère. Ne cachons pas la lumière sous le boisseau !

VI) Ruth ch 2 v 13 à 23 : la compassion

1) Rappel :

Notre précédente méditation nous a permis de faire une abondante moisson d'enseignements dont nous avons pu mesurer la pertinence pour notre vie de témoins de l'Evangile, autrement dit, de témoins de la bonté de Dieu.

Bonté de Dieu toujours agissante non seulement au travers de ses enfants mais aussi au travers de ceux qui ne le connaissant pas comme leur Dieu personnel, manifestent envers leurs semblables dans la détresse de véritables sentiments de miséricorde.

Bonté agissante de Dieu qui s'exprime sur un large spectre qui doit susciter en nous un élan de prières envers ces généreux bienfaiteurs quels qu'ils soient.

Bonté de Boaz qui ne se laisse pas diriger par les préjugés ou les clichés de son époque xénophobe et sexiste. Sa seule règle de conduite est celle que lui dictent les commandements de son Dieu.

« Tu aimeras l'étranger ! »

Et c'est bien ainsi qu'il agit envers Ruth la Moabite qu'il entoure de ses soins et à laquelle il offre sa protection.

Sensibilité de Boaz à l'histoire personnelle de la jeune femme sur laquelle il invoque la bénédiction du Seigneur en abondance.

Prière mais aussi action, car Boaz prend des dispositions pour lui faciliter la tâche.

N'oublions pas dans ce florilège d'actions admirables la générosité et l'humilité exemplaire de Ruth, émouvante dans la fraîcheur et la spontanéité de ses actes et de ses propos.

2) La compassion : un acte de guérison :

Et, précisément, ce sont bien les sentiments que suscite en nous sa réponse aux vœux de bénédiction que vient de formuler Boaz envers elle, réponse qui nous introduit dans la méditation de ce jour.

Ecoutons la :

« Tu es vraiment bon pour moi, maître ! Tu me donnes du courage en me parlant amicalement, alors que je ne suis pas l'égale de tes servantes. » (version en français courant).
De façon plus littérale :
« Puissè-je toujours trouver grâce à tes yeux, mon Seigneur ! Tu m'as consolée et tu as parlé au cœur de ta servante, alors que je ne suis pas l'égale d'une de tes servantes ». (versions de Jérusalem et Darby).

Emouvante réponse que celle de la jeune Ruth qui montre combien les paroles de Boaz l'ont touchée au plus profond de son être. Jusqu'à présent, rien ne nous avait été dit sur les souffrances de Ruth comme si l'auteur avait voulu respecter la pudeur de ses sentiments nous présentant la jeune femme uniquement préoccupée du bien-être de sa belle-mère Naomi.
Dans un souci de la soulager, Ruth a mis entre parenthèses ses propres souffrances ne voulant pas ajouter un poids de plus à son fardeau.
Or, c'est cette douleur cachée que Boaz a décelée et analysée, et c'est cela qui a permis à Ruth d'épancher ainsi ses sentiments : « Tu m'as consolée….tu as parlé au cœur de ta servante. »

Expression salutaire qui signe l'amorce d'un processus de résilience et de soulagement.

Se savoir comprise, mieux, se savoir aimée, pouvoir épancher son âme même à mots couverts est un véritable rafraîchissement, un encouragement sans prix.

Etre prise en considération par le maître en personne lui redonne une identité, une dignité qu'elle avait perdue en quittant son pays et les siens, alors qu'elle se situe au plus bas de l'échelle sociale :

« Je ne suis même pas l'égale d'une de tes servantes ! »

« Que je trouve grâce à tes yeux » exprime donc, tout à la fois, un remerciement anticipé et le désir d'un service sans réserve envers celui qu'elle considère comme son maître.

3) Leçon :

« Que le Seigneur mette dans nos cœurs de tels sentiments pour ce qui sont éprouvés. Qu'ils puissent ainsi se sentir aimés, soulagés, consolés, encouragés ! »

« Sachons pleurer avec ceux qui pleurent comme le conseille Paul aux chrétiens de Rome (Romains ch 12 v 15).
Sachons être à leur écoute, affectueusement attentifs, dans une attitude qui favorise chez l'autre l'expression confiante et libératoire de sa douleur cachée !
C'est aussi à cela que Paul convie les chrétiens de Corinthe lorsqu'il leur dit :
« Que les membres du corps aient également soin les uns des autres pour qu'il n'y ait pas de division – ou encore – qu'ils se témoignent une mutuelle sollicitude. Et si un membre souffre, tous les membres souffrent avec lui. » (1 Corinthiens ch 12 v 25)

Il ne fait pas de doute que si cette invitation est valable dans le cadre de la collectivité ecclésiale, l'église locale, elle vaut aussi pour les relations extra-ecclésiales.

Notre nouvelle nature doit nous inciter à avoir de la sollicitude pour quiconque. Elle est un des fruits de l'amour de Dieu en nous, amour qui s'est exprimé au plus haut degré par le don de la personne de son Fils Jésus-Christ.

4) Un tandem indissociable : obéissance à Dieu et générosité :

La suite du récit va nous démontrer que rien ne semble freiner Boaz dans l'expression de son obéissance au Seigneur, autrement dit dans celle de sa générosité.
Encore une fois, il fait fi des tabous et des coutumes de son époque.
C'est le moment du repas et s'adressant à Ruth, il lui dit :
« Viens manger avec nous, prends un morceau de pain et trempe-le dans la vinaigrette. »
« Viens avec nous, ou encore, approche-toi ! »

En d'autres termes, il l'invite à s'asseoir avec les moissonneurs et lui offre en plus des grains d'orge rôtis.
J'imagine l'expression de surprise de ses ouvriers qui apparemment n'étaient pas prédisposés à un tel traitement et un tel accueil envers une femme, qui plus est, une Moabite.
Souvenons-nous que Boaz a dû leur donner l'ordre de ne pas l'importuner.
En agissant ainsi Boaz applique ce précepte contenu dans les ordonnances sur l'année sabbatique (Deutéronome 15 v 7) :

« Se trouve-t-il chez toi un pauvre ? Tu n'endurciras pas ton cœur ni ne fermeras ta main à ton frère pauvre, mais tu ouvriras ta main et tu lui prêteras ce qui lui manque....Quand tu lui donnes, tu dois lui donner de bon cœur, car pour cela l'Eternel te bénira dans toutes tes actions et dans tes travaux. »

Comme nous le constatons, Boaz va plus loin encore puisqu'il offre ses dispensations à une étrangère, à une femme étrangère.

Manifestement, un tel amour ne peut venir que de Dieu présent dans son coeur, si l'on se réfère à cette parole de l'apôtre Jean dans 1 Jean ch 3 v 17 :

« Si quelqu'un possède les biens de ce monde et que, voyant son frère dans le besoin, il lui ferme ses entrailles (son cœur), comment l'amour de Dieu demeure-t-il en lui ? Petits enfants, n'aimons pas en paroles et avec la langue, mais en action et en vérité ! »

« Viens avec nous et mange ! »

Cette invitation de Boaz, outre le fait qu'elle permet à Ruth de se sustenter, est porteuse d'un message implicite d'acceptation dans le groupe, autrement dit dans la communauté de Bethléem.

Boaz semble lui dire :

« Approche-toi de nous et partage notre pain car tu es des nôtres. Ne te sens plus étrangère, tu fais désormais partie de ma maison. »

D'une certaine manière, Boaz répond à sa façon au voeux de Ruth :

« Que je puisse trouver grâce à tes yeux, mon Seigneur. »

5) *L'hospitalité, premier geste d'intégration :*

En invitant Ruth à partager avec lui et ses ouvriers leur pain, Boaz, par ce geste public, l'introduit dans le cercle élargi de sa famille, geste hautement symbolique d'intégration.

Cette forme d'hospitalité, apanage des peuples orientaux, s'est en partie perdue dans notre civilisation moderne du « chacun pour soi » et du « chacun chez soi ».

Qu'en est-il dans les milieux évangéliques, dans les foyers chrétiens, dans notre église ?

L'hospitalité lors des repas fraternels, ne serait-elle pas un moyen privilégié pour inviter, entourer ceux que nous connaissons, qui sont en recherche de fraternité ou dans le besoin matériel ?

La question vaut la peine que nous nous la posions !

L'apôtre Paul comme l'apôtre Pierre ou l'auteur de l'épître aux Hébreux y avaient, quant à eux, apporté une réponse :

Romains 12 v 13 : « exercez l'hospitalité ! »
1 Pierre 4 v 9 : « exercez l'hospitalité les uns envers les autres ! »
Hébreux 13 v 2 : « N'oubliez pas l'hospitalité car, en l'exerçant, quelques-uns ont logé des anges sans le savoir ! » (Genèse 18 v 19)

Certes, nos situations particulières peuvent être un frein ou un empêchement à cet exercice, c'est pourquoi l'assemblée locale, par ses repas fraternels appelés « agapes » peut-être le moyen privilégié pour que chacun puisse l'exercer à la mesure de ses moyens.

Pour l'heure, Boaz, Ruth et les moissonneurs profitent de leur repas tout en jouissant de ce temps de repos bien mérité.

Les grains d'orge bien rôtis craquent sous la dent et le pain trempé dans la vinaigrette qui associe le parfum de l'huile d'olive à la pointe acidulée du vinaigre régale les papilles olfactives et gustatives de nos convives.

Le tas de grains rôtis que Boaz a disposé devant Ruth fut suffisant pour qu'elle en mange à satiété et même qu'il en reste dans son assiette ! Autant dire que Boaz n'avait pas été chiche en poids d'orge !

Puis, après avoir mangé, Ruth repartit vers le champ pour aller glaner.
Alors qu'elle était assez éloignée, Boaz s'adressa à nouveau à ses serviteurs et leur donna cet ordre :
« Laissez-la aussi glaner entre les gerbes et ne l'inquiétez pas. Vous ôterez aussi quelques épis de vos brassées (javelles) que vous laisserez tomber. Elle pourra les ramasser et vous ne crierez pas contre elle ! »

Décidément, Boaz n'a pas fini de nous étonner par ses gestes attentionnés !
Ainsi s'écoula l'après-midi scandée par le rythme des faucilles coupant à ras le sol les épis d'orge chargés de grains.
Ruth glana jusqu'au soir et lorsqu'elle eut battu ce qu'elle avait ramassé, il y avait environ une mesure d'orge.
Il faut savoir que d'habitude la récolte d'un glaneur, après une longue journée de travail sous un soleil brûlant, n'était pas énorme.
Mais Ruth battit près d'un omer d'orge, c'est-à-dire, environ 2litres, correspondant à un 2,5 kilos.
La voici donc de retour au village où elle montre à Naomi le produit de son travail et lui donne le reste de son repas qu'elle avait mis en réserve.

Naomi lui demande alors :
« Où as-tu glané aujourd'hui ? Où as-tu travaillé ? Béni soit celui qui s'est intéressé à toi ! »
La réaction de Naomi qui exprime sa reconnaissance, peut nous laisser penser qu'elle émerge de la zone sombre dans laquelle sa détresse l'avait momentanément plongée.
Cette impression va nous être confirmée par la déclaration qu'elle va faire juste après que sa belle-fille lui eût cité le nom du propriétaire du champ, à savoir Boaz.

« Je vois, dit-elle, que le Seigneur garde sa bonté pour nous les vivants comme pour ceux qui sont morts. Qu'Il bénisse cet homme ! »

Nous pouvons percevoir dans cette déclaration une expression de joie et d'émerveillement dans la bouche de Naomi.

Le nuage de tristesse épaissi par son état dépressif semble s'être dissipé, car voici qu'à nouveau le nom qu'elle donne à Dieu est celui de « Yahvé », nom que l'on attribue à celui qui est proche, au Dieu de délivrance.

« Le Seigneur garde sa « hèsed », sa bonté ! »

Nous sommes déjà loin des propos amers, désabusés et chargés de tristesse que Naomi tint à son arrivée à Bethléem.

Elle faisait alors référence au Dieu Tout-Puissant !

Aujourd'hui, elle redécouvre émerveillée le Dieu de bonté, bon envers les vivants autant qu'Il le fut envers les morts.

Or, voici que Naomi poursuit sa déclaration par ces mots :

« Boaz est notre proche parent. Il est de ceux qui ont sur nous droit de rachat. »

Alors, nous dit le texte, Ruth ajouta :
« Il m'a dit aussi : reste avec mes serviteurs jusqu'à ce qu'ils aient achevé toute la moisson. »

Ce à quoi Naomi répondit par cette recommandation :
« Il est bon, ma fille, que tu ailles avec ses servantes, ainsi on ne te maltraitera pas dans un autre champ. »

C'est en effet, ce que fit Ruth jusqu'à la fin de la moisson de l'orge et du blé.

Ruth, nous est-il dit, habitait alors chez Naomi, sa belle-mère.

6) Le goël et le droit de rachat :

Si je suis passé délibérément sur la déclaration de Naomi qui précise que Boaz est un proche parent et qu'il a droit de rachat, c'est parce que cette nouvelle donnée revêt une importance majeure pour l'avenir des deux femmes.
C'est aussi parce que la notion de « rachat » est porteuse d'une charge symbolique non négligeable dont la suite des évènements nous permettra d'en mesurer le poids historique.

Nous avons encore en mémoire qu'après la narration de l'arrivée des deux femmes à Bethléem, l'auteur du livre nous a brièvement présenté le personnage de Boaz, mais sans plus.
« Naomi, disait-il, avait un parent du côté d'Elimélek, son mari. C'était un homme riche et considéré, appelé Boaz. »

Et là, l'auteur n'en dit pas plus comme s'i voulait titiller notre curiosité. Certes, c'est une bonne nouvelle d'apprendre que Naomi a un riche parent alors qu'elle se trouve sans ressources !
Pour autant, cela ne préjuge en rien de l'attitude de ce parent envers elle.
Il est toujours plaisant d'apprendre un jour qu'on a un oncle en Amérique, mais de là à bénéficier de ses largesses, il y a un pas aussi vaste que l'océan Atlantique !

En réalité, cette présentation de Boaz n'a rien d'anodin ni de fortuit car elle nous prépare, non seulement à la rencontre avec ce personnage hors du commun, mais, de plus, elle va être complétée par une information de la plus haute importance pour l'avenir de Naomi et de Ruth.
Lorsque Naomi apprend le nom du propriétaire du champ, souvenons-nous qu'elle a informé Ruth du lien de parenté qui les unit :

« Cet homme est notre parent ! »

Notons au passage qu'elle associe Ruth à ce lien de parenté.

Puis, elle ajoute :

« Il est de ceux qui ont sur nous droit de rachat. »

Permettez-moi d'attirer votre attention sur le mot hébreu utilisé ici par Naomi pour désigner l'ayant-droit de rachat.

Nous découvrirons au fil du récit que la portée de ce terme dépasse largement le cadre restreint de la famille de Naomi, pour s'élargir à la grande famille des rachetés de Dieu.

Retenons donc le mot « goël » qui qualifie celui qui a droit de rachat.

Le mot « goël » est familier aux lecteurs de l'Ancien Testament d'hier et d'aujourd'hui.

Il désigne, en effet, l'Eternel, Yahvé comme le goël d'Israël et souligne ainsi la promesse faite à son peuple qui lui appartient. (Exode 19 v 5) Le Seigneur habitait au milieu de son peuple. (Exode 25 v 8)

Il était son divin parent toujours prêt à le délivrer et à le protéger.

Le livre de Ruth voit ressurgir le thème du rachat à maintes reprises, mais, cette fois-ci, c'est dans le cadre de la législation familiale, preuve que ce terme était couramment employé en Israël.

C'est ainsi que le mot hébreu « ga.al » et ses dérivés, signifiant « racheter » est mentionné vingt fois dans ce livre qui ne compte que quatre chapitres.

S'agissant donc du droit de la famille, et si l'on se réfère aux textes du Lévitique (ch 25) et à ceux des Nombres (ch 35), il apparaît que chaque membre d'une famille est tenu de protéger les autres membres, nul ne devant rester solitaire , démuni ou indigent.

Plus précisément, le proche parent qui rachetait un bien familial ou libérait un frère de l'esclavage où il était tombé, était appelé le « goël ».

La loi du « lévirat » envisageait le cas où plusieurs frères et leurs familles cohabitaient.

Si l'un d'eux venait à mourir sans laisser de fils, le frère le plus proche devait prendre la veuve pour épouse et donner un héritier au disparu.

Or, comme Ruth n'avait plus de beau-frère, ce droit revenait à un parent plus éloigné.

Pour autant, et il faut le souligner, ce dernier n'était pas obligé d'en user ; ce qui ne fait qu'ajouter à la générosité de celui qui acceptait les clauses du rachat.

7) La générosité au cœur de l'acte de rachat :

L'acte de rachat jusqu'ici lié à la somme d'argent nécessaire soit à la réintégration d'une terre dans le patrimoine, soit à l'affranchissement d'un frère devenu esclave, prend une toute autre dimension dès lors que le «goël» n'apparaît plus comme un simple mandataire familial, aussi généreux soit-il, chargé d'effectuer une transaction libératoire mais, dans le cadre du lévirat, comme le substitut du frère ou du parent défunt.

Dès lors, il est totalement, personnellement et durablement impliqué dans une démarche dont les devoirs pèseront davantage que les droits. Désormais, il lui incombera, au jour le jour, de pourvoir aux besoins de sa belle-sœur devenue son épouse, besoins domestiques mais aussi
de protection et d'amour.

De surcroît, son engagement aura une visée plus lointaine, assurer une descendance à son frère disparu !

Or, lorsqu'on sait que l'enfant à naître devra porter le nom du frère décédé de son père biologique, on mesure la charge affective qui est liée à la mémoire du défunt.

Nous comprenons mieux, maintenant, que les paroles de Naomi à Ruth : « cet homme est un proche parent ; il est un de ceux qui a droit de rachat sur nous ; il est un de nos « goëls », sont porteuses d'espoir en l'avenir, alors que Naomi est bien consciente qu'après les moissons, elles n'auront plus de moyens d'existence.

8) Conclusion :

1) Suivons l'exemple de Boaz : sachons être proches de ceux qui souffrent parfois même en silence. Soyons compatissants. Prenons soin les uns des autres.

2) N'oublions pas de pratiquer l'hospitalité. Notre accueil bienveillant est un facteur privilégié d'intégration de ceux qui se sentent rejetés par la société.

3) Souvenons-nous qu'au bout du tunnel, il y a toujours la lumière de Dieu.

4) Soyons infiniment reconnaissants envers Celui qui nous a rachetés, Jésus-Christ, notre divin « goël ».

VII) Ruth ch 3 v 1 à 17 : une rencontre décisive

1) Rappel :

Lorsque nous avons quitté Ruth et Naomi, ce fut sur cette parole réconfortante de cette dernière que j'ai plaisir à rappeler :
« Le Seigneur garde sa bonté pour nous les vivants comme il le fit pour ceux qui sont morts. »

« Le Seigneur garde sa bonté ! »

A quoi ou à qui devons-nous ce changement radical dans l'attitude de Naomi qui se définissait elle-même comme « l'affligée, l'amère » ?
Qu'est-ce qui a pu provoquer en elle ce retour à une vision renouvelée de la bonté de Dieu et la sortir de sa détresse et de son désarroi ?

La réponse est simple et évidente :

Tout d'abord, parce que la bonté de Dieu a pris forme humaine en la personne de son fidèle serviteur, le respectable et respecté Boaz, riche propriétaire terrien de Bethléem, parent de Naomi.

Ensuite, et de surcroît, parce que Boaz fait partie de ceux qui ont droit de rachat sur la famille de son défunt parent, Machlon mari de Ruth. Le mot hébreu « goël » qui définit son statut est donc porteur d'espoir pour l'avenir des deux femmes.

Certes, rien n'oblige Boaz à user de ce droit d'autant qu'il n'est peut-être pas le premier sur la liste des présumés ayants droit à prendre Ruth pour épouse.

Cependant, si l'on considère la façon généreuse, pleine de tact et de psychologie qu'il a eue à son égard, elle, la « Moabite », on est à même de comprendre l'espoir que Naomi nourrit au fond de son cœur.

La question que nous pouvons nous poser est la suivante :
« Est-ce que Dieu va répondre à la prière implicite de Naomi et s'il le fait, quel chemin va emprunter sa providence ? »
Autre question d'importance qui sous-tend la précédente :
« Dans la suite des évènements, quelle sera la part de l'homme et celle de Dieu ?

En d'autres termes, l'homme doit-il rester passif dans l'attente de l'intervention divine ou bien doit-il faire preuve d'initiative si la situation l'y invite ou s'y prête ?
Autrement dit, attente passive voire fataliste ou attente active et confiante ?

En toute hypothèse et à défaut de nous apporter une réponse normative sur l'attitude à avoir si tel était le cas, il ne fait pas de doute que cela constituerait néanmoins pour nous une occasion précieuse de réflexion sur ce sujet.

2) *Naomi, une femme d'expérience et de cœur :*

Nous voici donc à nouveau en présence de Naomi et de Ruth.
Depuis notre dernière entrevue, le temps a passé et la moisson a suivi son cours et semble tirer à sa fin. Le battage de l'orge a commencé sur les aires aménagées à cet effet. Les réserves d'orge et de blé récoltées par Ruth dans les conditions favorables ordonnées par Boaz s'accumulent dans leur humble demeure. Toutefois, elles ne sauraient à elles seules suffire à répondre à leurs besoins d'une année de subsistance.

Il nous est donc aisé de comprendre, sinon de supposer, qu'il s'agit là pour Naomi d'un sujet de préoccupation légitime.

Pour autant, et comme nous allons le voir, ce qui monopolise sa pensée c'est l'avenir de sa belle-fille.

Il faut savoir, en effet, que la coutume voulait à cette époque que ce soit les parents qui arrangent les mariages.

Il était donc convenable que Naomi prenne l'initiative de procurer à Ruth la sécurité d'un foyer.

Que va donc faire Naomi ? Quelle démarche va-t-elle entreprendre pour susciter chez son parent Boaz un intérêt pour sa belle-fille susceptible de l'inciter à user de son droit de rachat ?

Pour le savoir, je vous invite à écouter, puis à analyser les instructions qu'elle va donner à Ruth :

« Ma fille, lui dit-elle, je dois chercher à assurer ton avenir afin que tu sois heureuse. Comme tu le sais, ce Boaz qui t'a laissée travailler avec ses servantes est notre parent. Or, ce soir, il va aller battre l'orge sur son aire. Lave-toi donc, parfume-toi et mets tes plus beaux habits.

Ensuite, rends-toi à l'endroit où il bat son orge, mais ne te montre pas avant qu'il ait fini de manger et de boire. Lorsqu'il se couchera, approche-toi, écarte un peu sa couverture et couche-toi à ses pieds.

Après cela, il t'indiquera lui-même comment tu dois agir. »

« Je ferai tout ce que tu m'as dit ! » répondit Ruth.

Comme nous pouvons le constater, les ordres de Naomi sont des plus précis et ont de quoi nous étonner, nous qui vivons à une époque qui ne s'embarrasse d'aucuns préliminaires pour un acte aussi important que le mariage qui, par parenthèse, est largement concurrencé par l'union libre, expression pudique du concubinage.

Nous l'avons bien compris, la démarche de Naomi qui peut nous paraître insolite, a pour objectif d'attirer l'attention de Boaz sur Ruth dans une optique bien précise et sans équivoque.

La précision des instructions de Naomi laisse à penser qu'elles sont conformes à une coutume locale acceptée par tous, ce que paraît confirmer sa dernière phrase :
« Il t'indiquera lui-même comment tu dois agir », laissant entendre que Boaz comprendrait les motifs de la présence de Ruth.

Revenons quelques instants sur les recommandations de Naomi et notons, tout d'abord, qu'elle n'a rien laissé au hasard.

Elle s'est renseignée sur l'emploi du temps de Boaz et a appris qu'il dormirait près de sa récolte d'orge comme le faisaient tous les propriétaires pour éviter qu'on ne les vole.

Elle invite Ruth à se laver, à se parfumer et à revêtir ses plus beaux atours, et ceci, manifestement, pour paraître à son avantage et être la plus séduisante possible.

Elle lui conseille d'attendre qu'il ait mangé et bu et qu'il se soit couché avant de se manifester.

Or, tout le monde sait qu'un homme rassasié s'endort facilement et qui plus est de bonne humeur, toutes choses propices à l'entreprise de Ruth.

Naomi, qui n'est pas tombée de la dernière pluie, sait tout cela, de même qu'elle sait aussi qu'en relevant sa couverture, le froid sur ses pieds faciliterait son réveil bien avant l'aube dont la lueur aurait révélé, aux yeux de ceux qui auraient été à proximité, la présence de Ruth.

Certains pourraient penser que Naomi fait ici preuve d'un soupçon de ruse. Pour ma part, je préfère y voir la marque d'un esprit avisé qui ne craint pas de prendre en considération tous les aspects du problème qu'ils soient d'ordre coutumier, psychologique ou même physique.

Ne perdons pas de vue les mobiles supérieurs qui dictent la conduite de Naomi :
- assurer l'avenir de sa belle-fille.
- assurer à sa famille une descendance en perpétuant le nom du défunt.
- assurer le recouvrement des biens familiaux par leur rachat.

Toutes choses qui s'inscrivent dans un contexte ancré sur la foi en la bonté et la fidélité d'un Dieu qui apporte sa bénédiction envers ceux qui se confient en Lui.
Or, Boaz apparaît aux yeux de Naomi comme le « goël » potentiel susceptible d'être celui qui les libère de leur condition de dénuement et de disgrâce sociale.
Ses multiples égards envers Ruth sont autant de signes de sa bonté et de son intérêt pour la famille de son cousin Elimélek et aussi, autant de mobiles pour Naomi d'attirer son attention sur Ruth.

Par ailleurs, il convient de souligner un autre point important qui justifie que Naomi aie recours à cette coutume locale.
Il s'agit tout simplement de la différence d'âges entre Boaz et Ruth.
Une génération les sépare, soit entre vingt et trente ans, ce qui laisse supposer que l'idée de prendre Ruth pour épouse ne serait pas venue spontanément à la pensée de Boaz.

3) La rencontre entre Ruth et Boaz :

Ainsi que Ruth l'avait promis à Naomi, elle se rend à l'aire de battage et applique à la lettre ses recommandations.
Boaz, nous est-il dit, mangea et but, ce qui le mit d'excellente humeur, puis alla se coucher.

Ruth s'approcha doucement, écarta la couverture et s'étendit à ses pieds.

Rien ne nous est dit sur l'état d'esprit de Ruth. Elle obéit tout simplement mais nous pouvons supposer que ce ne fut pas facile pour la jeune femme.

Que va-t-il se passer ? Comment Boaz va-t-il réagir ?

Autant de questions que nous nous posons et qui devaient tournoyer dans la tête de Ruth tandis que s'étiraient avec lenteur ces heures nocturnes qui la séparaient du réveil de Boaz.

Je suppose qu'elle était à l'affût du moindre de ses mouvements, attentive au moindre signe d'éveil, peu encline à se plonger dans une observation contemplative de la voûte céleste.

Le temps passe et voici que soudain, ayant froid aux pieds, Boaz se réveille et se penchant en avant, découvre non sans surprise une jeune femme couchée à ses pieds. Son premier réflexe et de lui demander son nom.

« Qui es-tu ? » Ce à quoi Ruth s'empresse de répondre :

« C'est moi, Ruth, ta servante. Veuille me prendre sous ta protection car tu as à mon égard la responsabilité d'un proche parent. »

Littéralement, Ruth utilise une formule symbolique :
« Etends sur ta servante le pan de ton manteau car tu as le droit de rachat. »

Nous sommes ici à un moment crucial de cette rencontre car de la réponse de Boaz va dépendre l'avenir de Ruth et de Naomi et de cela, Ruth en est pleinement consciente ; aussi, imaginons-nous aisément la tension qui doit être la sienne.

Voici la réponse de Boaz :

« Sois bénie de l'Eternel, ma fille, cette dernière attitude témoigne plus en ta faveur que la première car tu n'as pas recherché des jeunes gens, pauvres ou riches. Maintenant, ma fille, ne crains point ; je ferai pour toi tout ce que tu diras car toute la porte de mon peuple sait que tu es une femme vertueuse. Il est vrai que j'ai droit de rachat mais il en existe un autre plus proche que moi. Passe ici la nuit. Et demain, s'il veut user envers toi du droit de rachat, à la bonne heure, qu'il le fasse ; mais s'il ne lui plaît pas d'en user envers toi, j'en userai, moi, l'Eternel est vivant ! Reste couchée jusqu'au matin ! »

Arrêtons-nous un instant sur les propos de Boaz qui durent apporter un grand soulagement dans le cœur de Ruth, même si la découverte d'un ayant droit au rachat en ligne plus directe que Boaz était de nature à en atténuer les effets.
Mais, avant d'analyser ses paroles, il est bon de noter leur caractère plein d'aménité, d'affabilité, de douceur et d'encouragement.
« Que le Seigneur te bénisse ! »
Cette invocation, cette salutation sous forme de prière en dit long sur l'état d'esprit de Boaz et sur ses dispositions de cœur envers la jeune femme.
En les prononçant, il évacue l'angoisse qui peut s'être insinuée dans le cœur de Ruth et il l'introduit dans un échange au centre duquel le Dieu d'Israël tient une place de premier choix.
D'une certaine manière et, implicitement, Boaz entend lui faire comprendre que toute décision qu'il prendra, le sera sous le regard de son Dieu qui est le Dieu de bonté.
S'ensuit, et ceci pour la seconde fois dans la bouche de Boaz, un éloge de la jeune Moabite.
« En ne recherchant pas l'amour des jeunes gens….ton attitude est plus louable que lorsque tu es venue glaner dans les champs. »

Boaz est sensible à la fidélité de Ruth envers son défunt mari et à son nom, ainsi qu'à sa famille dont les biens pouvaient être réintégrés par le rachat. Ceci induisait, de facto, son mariage avec le goël, le parent autorisé à user de ce droit.
Or, l'âge de Boaz aurait pu dissuader Ruth de s'engager dans cette voie. Elle aurait pu céder au désir légitime et naturel de trouver un parti parmi les jeunes

moissonneurs, sveltes et bien bronzés, qu'elle avait côtoyé dans les champs, plutôt que de s'engager pour la vie avec un homme qui aurait pu être son père.

Mais, Ruth n'a pas regardé à son propre intérêt et s'est fixée pour ligne de conduite de rester fidèle à sa belle-famille et à Naomi, sa belle-mère.

Boaz a été le témoin de l'attitude réservée de Ruth dans les champs où on se lie assez facilement et a été touché par tant de pureté de cœur.

Et pas seulement lui, mais, comme il dit, toute la communauté !

Alors, pour la rassurer, il lui dit :

« Ne crains rien ! Ne te fais pas de souci ! Je ferai tout ce que tu demandes ! »

« Je te promets que si celui qui a droit de rachat en premier n'en use pas, j'exercerai ma responsabilité à ton égard, par le Seigneur qui est vivant ! »

Quelles sont belles ces paroles de réconfort et qu'elle est belle cette promesse assortie de la solennelle affirmation : « le Seigneur est vivant ! »

4) *Dieu au centre de la vie de Boaz :*

J'admire cet homme pour qui toute action qu'il entreprend et tout engagement qu'il prend se font toujours sous le regard et l'arbitrage divins. On a le vif sentiment en le voyant vivre que sa vie n'est pas compartimentée avec d'un côté ce qui est du domaine du privé, du profane et de l'autre, ce qui est du domaine du religieux, du sacré.

Tout au contraire, la vie de Boaz est semblable à un livre ouvert au regard de son Dieu.

Pour lui, chaque page doit pouvoir être contresignée par son Dieu. Aucun paragraphe, aucun alinéa ne doit échapper à son contrôle, car chaque évènement relaté, chaque décision prise, chaque sentiment exprimé, chaque parole dite doit avoir reçu l'approbation de son Maître !

Assurément, cet homme mérite le qualificatif de « juste » car il répond admirablement aux critères qu'en donne la Parole de Dieu :

Psaumes 37 v 21 : le juste est compatissant et il donne.
Psaumes 140 v 40 : le juste célèbre le nom de l'Eternel.
Psaumes 21 v 26 : le juste donne sans parcimonie.
Psaumes 29 v 6 : le juste connaît la cause des pauvres.
Psaumes 14 v 9 : le juste marche dans les voies de l'Eternel.

Quelle belle leçon de piété que celle que nous donne à méditer Boaz !
Combien elle est de nature à nous interpeller en nous rappelant que notre vie tout entière appartient à Dieu et que c'est une grave erreur que de croire que nous pouvons avoir un jardin secret qui échapperait à son regard !

En revanche, quel apaisement lorsque nous avons le sentiment d'avoir cherché avec sincérité à satisfaire les exigences de la justice et de la volonté de notre Maître !
Quel réconfort de se savoir approuvé de Dieu !
Quel bonheur de pouvoir s'exclamer comme Boaz :
« Le Seigneur est vivant ! »

5) *Une attente confiante :*

Nous voici maintenant revenus près de Boaz et de Ruth.
Cette dernière resta donc à ses pieds jusqu'au lever du soleil, juste avant que le clair du jour apparaisse afin de partir sans qu'on ne la reconnaisse pour éviter d'éventuels commérages.
Or, avant de la laisser partir, Boaz versa dans son manteau six mesures d'orge, soit environ vingt litres qu'il l'aida à charger.

Combien il est émouvant ce geste qui exprime une grande sollicitude et, disons-le, une grande tendresse !

Ainsi, Boaz retourna au village tandis que Ruth regagnait la maison de Naomi.

Naomi, dont nous pouvons aisément imaginer l'impatience de savoir comment s'était déroulée la rencontre !

« Est-ce-toi, ma fille ? » lance-t-elle à Ruth, signifiant réellement : « Comment ça s'est passé ? »

Et Ruth de lui raconter tout ce que Boaz avait fait pour elle et même qu'il lui avait donné six mesures d'orge en lui disant :

« Tu ne retourneras pas à vide vers ta belle-mère » montrant par là l'affection qu'il porte à sa parente.

Ce à quoi Naomi répondit en ces termes :

« Sois tranquille, ma fille, jusqu'à ce que tu saches comment cela finira, car cet homme ne se donnera point de repos qu'il n'ait terminé cette affaire aujourd'hui. »

Souvenons-nous que Boaz a promis de régler le problème dans la journée !

Le « sois tranquille, ma fille » montre que Naomi a perçu chez Ruth, sinon une impatience, en tout cas un soupçon légitime d'inquiétude.

Je suis sûr, cher lecteur, que vous êtes comme moi impatient de savoir qui va user de son droit de rachat.

En attendant de le découvrir bientôt, permettez-moi un dernier rappel des enseignements à retenir.

6) Conclusion :

1) Comme Boaz, nous sommes les vecteurs de la bonté de Dieu et nous pouvons contribuer à redonner espoir à ceux qui sont accablés.

2) L'initiative de Naomi n'a pas été vaine puisque Boaz est prêt à user de son droit de rachat. Mais, en l'occurrence la réponse de Dieu nécessite un temps d'attente supplémentaire. Or, qui dit, attente, dit aussi exercice de la foi.
L'action et la foi sont inséparables ; la première exprimant la seconde, la seconde suscitant la première et l'une comme l'autre s'exerçant dans la confiance tranquille.
Telle est la saine attitude qui semble répondre à notre interrogation initiale.

3) Fidélité, confiance, obéissance, générosité résument l'attitude de Ruth et devraient dicter notre conduite en toute circonstances.

5)   Enfin, la transparence de la vie de Boaz au regard de Dieu doit nous inciter à une plus grande consécration envers Celui qui nous a sauvés et auquel nous devons la vie.

A Jésus-Christ, le Ressuscité, le Vivant aux siècles des siècles,
A Lui, gloire et honneur et actions de grâce
Jusque dans l'éternité !

Ruth ch 4 v 1 à 12 : le rachat, fruit de la générosité :

1) Rappel :

Ami lecteur, lorsque nous avons quitté Ruth nous avons perçu chez la jeune femme un soupçon légitime d'impatience liée à l'interrogation suivante :
« Qui va user de son droit de rachat ? Sera-ce l'illustre inconnu qui arrive en premier rang ou Boaz qui a promis de répondre à la requête de Ruth ?
Permettez-moi d'entretenir quelques instants encore ce douloureux suspense, le temps de nous resituer dans le contexte où se joue l'avenir de Naomi et de Ruth.

Nous avons en mémoire cette longue nuit organisée dans le détail par Naomi au cours de laquelle sa belle-fille Ruth suivant à la lettre ses recommandations semble-t-il conformes à une coutume locale, alla rejoindre nuitamment Boaz sur l'aire de battage et se coucha à ses pieds après qu'il se fut endormi, le cœur réjoui par ses bonnes récoltes et peut-être aussi par un bon verre de vin et l'estomac bien calé par un repas copieux.
Ruth qui s'était bien habillée et parfumée avait pris soin de découvrir les pieds de Boaz afin que le froid les saisissant au milieu de la nuit, il soit extrait de son sommeil réparateur.
Longue nuit pour Ruth mais nuit écourtée pour le brave homme qui, cependant, n'en prit pas ombrage.
Tout au contraire, dès lors qu'il eut reconnu Ruth et qu'il l'eut écoutée lui dire qu'il avait droit de rachat, il lui manifesta un intérêt chargé d'affection.
En quelques mots, il va la féliciter pour son attitude généreuse, pour son comportement vertueux et pour son sens des responsabilités.

Par dessus tout, il lui fait la promesse solennelle devant le Dieu Vivant, d'accéder à sa demande si le goël qui passe avant lui n'use pas de son droit de rachat.

C'est donc riche de cette promesse que Ruth, alourdie de 20 litres d'orge versés dans son manteau par Boaz, s'en retourne le cœur léger, dès potron-minet, pour rejoindre sa belle-mère qui n'a pas attendu le chant du coq pour quitter à son tour les bras de Morphée tant elle est impatiente d'avoir des nouvelles.

Une fois informée du déroulement des faits et comprenant l'état d'esprit de sa bru, Naomi lui donne ce bon conseil :

« Attends calmement ici, ma fille, jusqu'à ce que tu saches comment l'affaire va tourner. Boaz ne sera satisfait que s'il la règle aujourd'hui. »

Conseil de sagesse adressé à une toute jeune femme qui doit aspirer non sans appréhension à connaître la suite des évènements qui doivent décider de son avenir.

Elle connaît la bonté et même la tendresse de Boaz mais elle ne sait rien de cet inconnu qu'elle ne connaît ni d'Eve ni d'Adam !

Si Naomi l'incite à rester chez elle, c'est que Ruth avait peut-être manifesté son envie d'aller au village pour en savoir plus.

A sa place nous aurions eu le même empressement !

2) *La fin heureuse du suspense :*

Le dernier acte que nous relate le chapitre quatre, se joue sur la place du village de Bethléem, à la porte de la ville où se traitaient les problèmes juridiques et les affaires de la cité.

Comme il l'avait promis à Ruth, Boaz ne perd pas de temps et va s'asseoir près de la porte, là où il a le plus de chance de trouver son parent à cette heure matinale au moment où les affaires commencent.

De fait, il n'aura pas à attendre bien longtemps car voici qu'apparaît le parent en question dont l'auteur du livre n'a pas jugé bon de révéler l'identité.
Invité par Boaz à s'asseoir, l'homme prit place à côté de lui.
Puis Boaz fit appeler dix anciens de la ville et les pria de s'installer près d'eux.
Il ne fait pas de doute que Boaz jouit d'une grande autorité dans la communauté en prenant ainsi en main la situation.
Par ailleurs, une telle démarche publique en présence de dix témoins accrédités aura une valeur juridique.
Voici donc ce que déclare Boaz au parent d'Elimélek :

« Tu sais, lui dit-il, que Naomi est revenue du pays de Moab. Eh bien, elle met en vente le champ qui appartenait à Elimélek, notre parent. J'ai décidé de t'en informer et de te proposer de l'acheter devant les anciens et les autres personnes ici présentes. Si tu veux exercer ton droit de rachat, fais-le, sinon préviens-moi, car c'est à moi que ce droit revient tout de suite après toi. »

Le discours de Boaz nous apporte un élément nouveau en mentionnant l'existence d'une terre qui appartient à Naomi et qui est à vendre.
Or, d'après ce que l'on sait des coutumes du lieu et de l'époque, une veuve n'héritait pas mais elle pouvait agir au nom de son fils.
Le champ vendu au goël restait donc dans la famille et la femme en tirait un petit capital.
La proposition semble plaire au cousin qui répond derechef :
« Ca m'intéresse, je suis prêt à racheter ! »

C'est alors que la question essentielle est abordée et clairement exposée par Boaz :
« Si tu achètes le champ de Naomi, tu devras en même temps prendre pour femme Ruth, la Moabite, pour que la propriété du champ reste dans la famille de son mari décédé. »

Du coup, le cousin change son râteau d'épaule :
« Dans ces conditions, répond-il, j'y renonce pour ne pas porter atteinte à mes propres biens, à mon patrimoine. Reprends à ton compte mon droit de rachat car je ne peux vraiment pas l'exercer moi-même. »

Ayant dit cela, et pour signifier le caractère irrévocable de sa décision, il ôta sa sandale et la donna à Boaz.
C'est ainsi qu'il transmit symboliquement et officiellement son droit de rachat à son parent selon la coutume en Israël.

3) Les raisons du revirement du premier goël :

Elles découlent des clauses même de la loi du lévirat qui normalement s'appliquent aux frères du défunt, et que nous voyons ici étendues à des parents du deuxième et troisième degré.
Cette loi qui en soi n'avait pas de caractère obligatoire, s'inscrivait dans une démarche de solidarité familiale.
Le goël, en rachetant le bien du défunt, s'engageait à épouser sa veuve et à lui donner des descendants dont l'aîné perpétuerait le nom.
Par ailleurs, les terres ayant fait l'objet du rachat resteraient sa propriété.
Comme vous l'avez bien compris, contrairement aux apparences, user du droit de rachat ne constituait en rien une occasion de s'enrichir, tout au contraire !
En premier lieu, les biens rachetés n'entraient pas dans le patrimoine du goël mais restaient au nom du défunt.
En second lieu, le goël avait à sa charge de nouvelles bouches à nourrir et à entretenir.

En troisième lieu, le fils qui naîtrait de son union avec la veuve, ne porterait même pas son nom.

Enfin, l'argent investi dans le rachat diminuerait la valeur de sa propre succession.

Et tout ceci, sans compter les multiples ajustements nécessaires à l'intégration des nouveaux venus dans une famille déjà structurée et possédant ses propres codes et sa hiérarchie officielle ou tacitement acceptée.

Bref, autant de raisons pour ne pas y voir une opportunité à saisir, ni une aubaine !
Raisons suffisantes pour que le premier goël refuse d'user de son droit.

4) Les raisons du choix de Boaz :

Vous aurez compris comme moi que le geste de Boaz est non seulement désintéressé mais qu'il exprime une immense générosité qui ne peut que susciter notre admiration. Au contraire de son prédécesseur qui ne voyait que son intérêt et celui de son clan, Boaz sensible à la disgrâce de ses parents, s'engage totalement dans ce processus de réhabilitation et de restauration par un acte de pure grâce.

Oubliant ses propres intérêts, il ne voit qu'une chose, ceux de Naomi et de Ruth.

Rappelons ici que rien ne l'y obligeait, ce qui ne fait qu'ajouter à la beauté de son geste !

Laissez-moi maintenant vous présenter sa déclaration publique devant les dix anciens et tous ceux qui sont présents :

« Vous êtes témoins aujourd'hui que j'achète à Naomi tout ce qui appartenait à Elimélek et à ses fils, Kiljon et Machlon.

En même temps, je prends pour femme, Ruth, la Moabite, la veuve de Machlon. De cette façon, la propriété restera dans la famille du mort et il aura des descendants pour perpétuer son nom parmi ses concitoyens et dans les affaires de la localité. Vous en êtes également témoins. »

Par cette déclaration qui a la vertu de la clarté, Boaz entend ratifier l'acte libératoire par lequel Naomi et Ruth sont rétablies dans leur position sociale, par la restitution de leurs biens et la perpétuation du nom de famille.

Le rachat opéré par Boaz, leur goël, constitue donc une assurance pour le présent et l'avenir.

Hier encore, elles étaient démunies de tout. Obligées d'aller glaner, autrement dit, de mendier leur pitance. Contraintes à vendre le dernier bien qui leur restait, vestige d'une prospérité appartenant au passé, souvenir douloureux d'une harmonie et d'un bonheur disparus.

Aujourd'hui, les nuages de l'amertume qui obscurcissaient le ciel de Naomi sont en train de se déchirer et de se dissiper. L'inquiétude de Ruth, l'étrangère, l'exilée, la représentante d'un peuple étranger ennemi de Juda, va être chassé et se muer en sérénité et plus encore en joie et en chants de reconnaissance au grand Dieu d'Israël.

Désormais, elle va faire partie de son peuple, elle, la nouvelle épouse de Boaz, personnage respecté de Bethléem.

Elle portera son nom et ses enfants, et nul n'osera la maltraiter ni lui faire injure !

Epouse de Boaz, elle accède ainsi à tous les droits attachés à son nouveau statut y compris sur ses biens et sur son héritage.

Telles sont donc les heureuses conséquences du rachat par le goël !

Permettez-moi, cher lecteur, avant de nous pencher sur les réactions des anciens, d'établir un parallèle qui me semble incontournable.

Vous l'avez deviné, ce parallèle avec Boaz, le goël de Naomi et de Ruth, nous renvoie au personnage le plus éminent que notre terre ait jamais vu naître : il s'agit de Jésus-Christ, le Fils même de Dieu, notre grand Goël !

Par son acceptation généreuse, Boaz est donc ici une figure de ce grand Goël qui devait être le plus illustre de ses descendants.

5) *Boaz et Jésus-Christ, mis en perspective :*

Nous devons garder à l'esprit qu'Elimélek a quitté la terre de Juda sur laquelle reposait la bénédiction de Dieu dans des circonstances difficiles certes, mais pour céder à l'appel de la prospérité de Moab, peuple païen, adorateur de l'abominable dieu Kémosh.

Nous connaissons les conséquences funestes d'une telle décision puisqu'il mourut sur cette terre étrangère ainsi que ses deux fils, laissant ainsi son épouse Naomi et ses belles-filles dans le plus grand dénuement !

Mais, l'Eternel qui est miséricordieux fut touché par la détresse de Naomi et par la beauté des sentiments de Ruth, la jeune Moabite.

Dès lors, agissant dans le cœur de Boaz, riche propriétaire terrien de Bethléem qui n'avait pas quitté son pays au temps de la famine, Dieu va lui permettre, en exerçant son droit de rachat, de devenir le libérateur de ses infortunées et malheureuses parentes.

Ce récit palpitant n'est pas sans analogie avec celui que nous livre le livre de la Genèse.

En évoquant le nom d'Elimélek qui signifie : « Dieu est roi », comment ne pas penser à Adam qui précisément, succomba aux sirènes de l'Adversaire, Satan, en commettant l'erreur funeste de croire qu'en s'affranchissant de la tutelle de Dieu, il deviendrait comme Lui, capable de diriger sans être sous sa dépendance.

En agissant ainsi, Adam comme Elimélek se sont arrogés des droits qui ne revenaient qu'à Dieu, le seul vrai Roi !

6) Les conséquences du choix d'Adam :

Pour Adam et pour ses descendants, les conséquences sont terribles !
Chassés du jardin d'Eden, les voici désormais coupés de la source de vie, leur Créateur, livrés entre les mains du séducteur, le Malin, devenus enfants des ténèbres, frappés dans leur corps par la maladie, par les méfaits du vieillissement et par la mort physique, souillés dans leur âme par le péché et son hideux cortège de vilénies et de bassesses.

Mais, par-dessus tout, les voici privés à jamais de la présence vivifiante, réjouissante, enrichissante de Dieu lui-même dont le visage rayonnant d'amour nourrit l'âme, la fait vivre et s'épanouir selon les lois éternelles et infiniment bonnes de son harmonie.

Telle est la seconde mort qui laisse l'âme comme exsangue, repliée sur elle-même, rigidifiée par les froidures de la solitude, tandis que brûle dans son cœur sans qu'elle en soit jamais réchauffée, les flammes du remords et de l'amertume, consumant ce qui reste d'un orgueil désormais démasqué dans sa vanité, désormais réduit à l'impuissance !
Telle est la condition à venir de tous ceux qui, hommes et femmes, auront eu la prétention de décider du bien et du mal, ignorant les commandements de Dieu, rejetant volontairement les appels qui leur sont adressés inlassablement à travers les siècles dans le Saint Livre aussi bien que par l'Esprit Saint lui-même ou que par ses innombrables témoins !

Quelle tragédie, qu'elle immense tragédie !

Et, si l'on est profondément attristé du cheminement d'Elimélek et de sa famille partis de Bethléem, la maison du pain, pour finir au pays de Moab et du dieu Kémosh auquel on brûlait vifs des nouveaux-nés, combien devrait être immense notre douleur en contemplant la déchéance et la décadence de l'homme quittant les beautés radieuses du jardin d'Eden pour se jeter dans l'abîme infernal de la seconde mort !

Tel aurait été le sort de la race humaine, éternellement scellé par les exigences de la justice divine si, en contrepoint de cet attribut de Dieu qui exprime au niveau le plus élevé sa totale, parfaite et entière sainteté, un autre attribut aux dimensions aussi vastes et aux exigences aussi radicales ne s'était exprimé à un degré jusqu'alors jamais atteint, jusqu'alors jamais imaginé.

Vous l'avez compris, cher lecteur, cet attribut divin, frère siamois du précédent qui lui est consubstantiel, n'est autre que l'amour divin, l'agapè, qui participe avec autant de puissance à la parfaite, totale et entière sainteté de l'être divin.

7) La question du choix à nouveau posée : choix de Dieu, choix de l'homme :

Dès lors, la grande question qui se pose à nous est la suivante :
« Comment le Dieu trois fois saint va-t-il pouvoir concilier les exigences contradictoires à nos yeux de sa parfaite justice qui demande réparation et de son parfait amour qui réclame le pardon du pécheur ? »

Face à ce dilemme sans précédent, il nous semble entendre la voix divine interroger les cieux et la terre :
« Qui est digne de devenir le Goël de cette humanité qui a tant de prix à mon cœur de père ? »

Mais à cet appel poignant qui traduit le déchirement du cœur de Dieu, aucune voix humaine ne se fait entendre car tous les hommes sont contaminés par le virus du péché et inaptes à cette mission salvatrice.

C'est alors que de la proximité même du Père se fait entendre une voix, celle du Fils qui apporte une réponse inespérée et inouïe :

« Je veux être le Goël de ces créatures conçues à notre image !

Je suis prêt à abandonner ma place à tes côtés dans les cieux ;
Je suis prêt à me dépouiller de tout ce qui fait ma grandeur et ma majesté ;
Je suis prêt à prendre forme humaine et à devenir fils de l'homme ;
Je suis prêt à quitter les splendeurs et la pureté de notre royaume pour naître, grandir et vivre dans cette compagnie humaine où sévit le vice et le mal sous toutes ses formes dans une atmosphère délétère ;
Je suis prêt à aller sur les chemins et dans les villages pour leur parler de toi, mon Père, et leur dire combien tu les aimes et combien il est nécessaire qu'ils se tournent vers toi pour être sauvés ;
Je suis prêt à leur annoncer ton pardon pourvu qu'ils se repentent et qu'ils reviennent à toi ;
Je suis prêt à aller parler aux prostituées et même à manger avec les dévoyés pour leur ouvrir les yeux sur leur triste condition et les exhorter à venir à toi pour changer de vie et être pardonnés.
Je suis prêt à aller rencontrer les gens religieux qui imposent leurs propres lois en ton nom, et à élever leurs pensées vers le culte véritable que tu attends d'eux ;
Je suis prêt à être incompris, rejeté, calomnié par tous ceux qui refuseront mon message ;
Je suis prêt, puisqu'il le faut, à mourir pour ces hommes et ces femmes qui seront alors mes frères dans la chair ;
Je suis prêt à porter sur moi le fardeau de leur dette, à payer de ma vie le montant de leur rachat ;

Je suis prêt à être leur Goël, je veux exercer mon droit de rachat pour que tous ceux qui croiront en ma parole et accepteront mon offre soient pardonnés, réhabilités, justifiés et qu'ils aient la vie éternelle ! »

Je devine, cher lecteur, la sainte émotion qui dut saisir en cet instant le coeur même de Dieu, Père, Fils et Saint-Esprit qui, d'un commun accord acquiescèrent à cette décision sans égale !
Je devine aussi le saint émoi qui dut agiter les populations célestes à l'ouïe d'un tel engagement.

Qu'en est-il de notre propre sentiment, aujourd'hui ?
Sommes-nous conscients, si tant est que nous puissions jamais l'être ici-bas, de la grandeur d'un tel geste d'amour d'un Dieu parfait envers ses créatures dévoyées ?
Mesurerons-nous jamais l'humilité incroyable d'un Dieu tout-puissant et glorieux qui consent à endosser notre humanité pour venir nous rencontrer, nous parler avec nos mots, éprouver nos sentiments, subir les limitations du temps et de l'espace, découvrir les turpitudes liées à notre condition humaine et subir enfin la haine de ses frères dans la chair, l'abandon et la trahison de ses proches avant d'endurer l'ignominie d'une injuste condamnation et les affres de la crucifixion.

Car tel fut le prix à payer par notre Goël pour notre rachat !
Tel fut le prix à payer pour notre rançon afin que nous puissions porter à nouveau le beau nom d'enfants de Dieu ; afin que nous puissions être réintégrés dans nos droits et recouvrer les biens dont notre égarement nous avait privés.

8) *Le rachat de Jésus-Christ, infiniment supérieur à celui de Boaz :*

Mieux encore, notre rachat opéré par notre Sauveur Jésus-Christ, dépasse infiniment les avantages offerts par l'application de la loi du lévirat.
Si tel avait été le cas, Dieu nous aurait promis d'être réinstallés dans le jardin d'Eden, dans ce lieu qui restera à jamais marqué par la tache de la transgression et du péché ; c'est pourquoi, dans sa grâce infinie, Il nous ouvre de nouvelles perspectives avec la promesse de nouveaux cieux et d'une nouvelle terre exempts de tout mal et de tout péché où l'harmonie du bon, du beau et du vrai sera le partage éternel de ses rachetés, ressuscités, transformés à l'image du Fils, portant en eux et sur eux les marques indélébiles de la perfection.

Face à un tel avenir qui nous est offert gratuitement par le Seigneur Jésus-Christ, quelle réponse apporter sinon celle d'un cœur toujours plus reconnaissant et d'une vie toujours plus consacrée !
Que dire ? Que faire ?
Mon âme est bouleversée devant tant d'amour et tant de grâces imméritées !
Mes mots sont insuffisants pour traduire mes sentiments où se mêlent la honte, la confusion, le soulagement, la joie et une reconnaissance infinie !
Que dire ? Que faire ?
Sinon suivre et mettre en pratique les dernières volontés de notre Goël en proclamant cette bonne nouvelle que « nous avons un Sauveur ! »
« Vous serez mes témoins….jusqu'eux extrémités de la terre ! »

9) Boaz, un témoin fidèle :

L'exemple de la piété de Boaz, témoin fidèle de la bonté de Dieu, qui ne se contente pas de paroles mais les traduit en actes, est pour nous un réel encouragement et un exemple à suivre.

Sa bonté, sa fidélité, sa générosité, sa sensibilité à la détresse des autres sont des stimulants pour notre foi comme elles le furent pour les témoins de son engagement à Bethléem.

Il suffit pour en être convaincus de les écouter :

« Que le Seigneur bénisse la femme qui entre dans ta maison ; qu'elle soit semblable à Rachel et à Léa qui ont donné naissance au peuple d'Israël ! Que ta richesse soit grande dans le clan d'Ephrata et ton nom célèbre dans tout Bethléem ! Que le Seigneur t'accorde de nombreux enfants par cette jeune femme et qu'ainsi ta famille soit semblable à celle de Pérets, le père de Juda et de Tamar ! »

Quelle magnifique prière de bénédiction qui commence par l'évocation de Ruth, la Moabite, l'étrangère sur laquelle est invoquée la grâce de Dieu ; Ruth, la rachetée qui est désormais associée à Rachel et Léa, sans aucune distinction.

10) Conclusion :

Afin de faire le lien avec notre condition, permettez-moi d'évoquer les paroles du prophète Osée, reprises par l'apôtre Paul dans son épître aux Romains ch 9 v 25 :

« Le peuple qui n'était pas le mien, je l'appellerai mon peuple, et la nation que je n'aimais pas, je l'appellerai ma bien-aimée.

Et là où on leur avait dit : vous n'êtes pas mon peuple, là même ils seront appelés fils du Dieu vivant ! »

L'apôtre Pierre, quant à lui, nous exhorte à une vie sainte en reprenant les arguments suivants qui clôtureront notre méditation :

1 Pierre ch 1 v 17-21 :

« Conduisez-vous avec crainte pendant le temps de votre pèlerinage, sachant que ce n'est pas par des choses périssables, par de l'argent ou de l'or, que vous avez été rachetés de la vaine manière de vivre héritée de vos pères, mais par le sang précieux de Christ, comme d'un agneau sans défaut et sans tache, prédestiné avant la fondation du monde et manifesté à la fin des temps, à cause de vous qui, par Lui croyez en Dieu, lequel l'a ressuscité des morts et lui a donné la gloire, en sorte que votre foi et votre espérance reposent sur Dieu. »

A Jésus-Christ, notre Goël et notre Seigneur
soient rendus gloire , honneur et louanges à jamais !

IX) Ruth ch 4 v 13 à 21 : la bonté et la fidélité à l'honneur

1) Prologue :

Cher lecteur, nous voici arrivés au terme de notre fructueuse réflexion sur le livre de Ruth où se sont entremêlées les actions des hommes et celles toujours providentielles, de Dieu.
Histoire profondément humaine au cœur de laquelle il nous est facile de nous intégrer et de nous reconnaître avec nos propres dilemmes, avec notre foi mise à l'épreuve, avec nos échecs mais aussi avec nos espérances, avec nos relèvements.

Histoire au sein de laquelle la présence de Dieu est toujours manifeste soit en toile de fond, soit s'exerçant sur le devant de la scène, soit de façon directe soit de façon indirecte.

Histoire de la foi en marche avec ses hésitations, ses paliers, ses élans, accompagnée en permanence par la grâce de Dieu, fidèle assistante de sa bonté, qui prend soin de sa créature, la relève, la fortifie, la console ou bien l'attire à Lui, lui donne une espérance et l'adopte, honore sa foi, la renforce et lui transmet ses bénédictions.

Histoire d'hier, criante de réalisme et de vérité dans sa description des rapports entre le croyant et son Dieu et par là, histoire d'aujourd'hui, histoire toujours actuelle qui nous interpelle et ne saurait nous laisser indifférents.

Histoire enfin, où se conjuguent avec bonheur et pour notre bonheur, la « hèsed » et la « émet », la bonté et la fidélité de Dieu.

Notre dernière méditation s'articulera autour de trois axes :

Le premier constituera un rappel des derniers évènements que nous avons vécus avec Naomi, Ruth et Boaz.
Le second nous entraînera à la suite du narrateur vers l'épilogue du livre de Ruth.
Le troisième nous conduira à synthétiser les principales leçons que nous avons pu tirer tout au long de notre réflexion.

2) Rappel des derniers évènements :

Lorsque nous avons clôt notre précédent chapitre, nous avions le cœur plus léger car nous venions d'apprendre une bonne nouvelle :
Enfin, l'avenir de Naomi et de Ruth se voyait paré des couleurs vertes de l'espérance !
Boaz venait, en effet, publiquement, solennellement et officiellement de déclarer qu'il entendait exercer son droit de rachat sur les biens d'Elimélek et par voie de conséquence de prendre Ruth, la jeune Moabite pour épouse avec l'espoir d'assurer une descendance à son défunt époux.
Nous ne reviendrons pas sur l'extrême générosité que requérait un tel acte sinon pour rappeler qu'il s'inscrit magnifiquement dans la suite des gestes de bonté que Boaz nous a habitués à admirer chez lui.

Les dix anciens de la cité et tous les témoins présents sur les lieux à la porte de Bethléem ne s'y trompèrent pas et surent apprécier la grandeur de son geste que le refus du précédent goël rendit plus grand encore.

« Que le Seigneur bénisse la femme qui entre dans ta maison ; qu'elle soit semblable à Rachel et Léa qui ont donné naissance au peuple d'Israël ! Que ta richesse soit grande dans le clan d'Ephrata et ton nom célèbre dans tout Bethléem ! Que le Seigneur t'accorde de nombreux enfants de cette jeune femme et qu'ainsi ta famille soit semblable à celle de Pérets, fils de Juda et de Tamar ! »

Comme nous pouvons en juger, cette bénédiction prononcée par les anciens en dit long sur l'admiration qu'ils portent à leur concitoyen.

Large bénédiction qui embrasse tous les domaines de la vie de Boaz :
prospérité matérielle, reconnaissance sociale et notoriété et surtout, une nombreuse descendance !

A cet égard, deux références sont invoquées pour renforcer le trait !

Tout d'abord, Léa et Rachel qui, avec leurs servantes donnèrent douze fils à Jacob !

Ensuite, Pérets, fils de Juda et de Tamar, qui était un ancêtre de Boaz.

Dans le même temps, il importe de souligner le nouveau statut que l'exercice du droit de rachat accorde désormais à Ruth, la Moabite.

Sur elle est appelée la bénédiction du Dieu d'Israël et la fécondité. Mieux encore, son nom est associé à ceux de Rachel et de Léa qui donnèrent naissance au peuple d'Israël ! Rien moins que cela !

Désormais, elle fait partie intégrante du peuple d'Israël !

Mais, ceci n'est que le prélude d'évènements que les anciens de Bethléem étaient loin d'imaginer !

3) *l'épilogue du livre de Ruth :*

Il est temps maintenant de découvrir, non sans curiosité, le dernier volet de cette histoire familiale, autrement dit, son épilogue.

Pour ce faire, je vous propose dans un premier temps d'en lire les textes : Ruth ch 4 v 13 à 17 :

« Alors, Boaz prit Ruth pour femme et elle fut avec lui. Le Seigneur la bénit, elle devint enceinte et donna naissance à un fils.

Les femmes de Bethléem dirent à Naomi : « Loué soit le Seigneur ! Aujourd'hui, Il a fait naître celui qui prendra soin de toi.

Que ton petit-fils devienne célèbre en Israël ! Il va transformer ta vie et te protéger dans ta vieillesse. Ta belle-fille vaut mieux pour toi que sept fils, car elle t'aime et t'a donné ce petit-fils ». Naomi prit l'enfant et le tint serré contre elle, puis elle se chargea de l'élever.

Les femmes du voisinage proclamèrent : « Naomi a un fils ! » et elles appelèrent l'enfant, Obed. Obed fut le père de Jessé, père de David. »

Ce texte rayonne de joie et déborde de tendresse.
Nous y apprenons que Ruth vient d'avoir un fils et que cette naissance est directement attribuée à la bénédiction de Dieu.
Bonté et fidélité de Dieu qui reste proche de Ruth, sa servante !
Son regard posé sur elle depuis son départ de Moab n'est pas resté insensible aux qualités de cœur de la jeune femme.
Les femmes de Bethléem non plus qui ont pu observer Ruth depuis plus d'une année.
Leur témoignage à cet égard est sans équivoque :
« Ta belle-fille vaut mieux que sept fils car elle t'aime et t'a donné un fils ! »
Or, le personnage central, ici, n'est pas Ruth mais Naomi !
C'est elle qu'on vient féliciter !
Naomi qui occupe la scène dés le début du récit, puis cède la place à Ruth et Boaz sans toutefois l'avoir quittée, est à nouveau mise en avant alors que va tomber le rideau.
Il faut remarquer que celles qui prennent la parole sont les femmes de Bethléem, probablement des amies d'enfance qui l'ont vu partir au pays de Moab. Celles-là même qui l'ont accueillie à son retour, méconnaissable et pleine d'amertume. « Ne m'appelez plus Naomi mais Mara ! »
Naomi revient sans ses fils, symboles de la bénédiction divine pour une femme israélite. En perdant ses fils, elle a tout perdu : sa fierté, ses amours, son assurance d'une vieillesse tranquille et par-dessus tout, le sentiment de la bénédiction divine !

Dès lors, nous comprenons mieux les raisons de l'enthousiasme des femmes qui louent le Seigneur pour la naissance de l'enfant.

Naomi n'est plus l'affligée, l'amère car elle a un « fils » qui perpétuera le nom d'Elimélek, un fils qui sera sa nouvelle raison de vivre et le soutien de ses vieux jours.

Or, ce fils est la preuve vivante que le Seigneur est bien ce Dieu de bonté et de proximité qu'elle se plaisait à appeler du nom de Yahvé.

Nous assistons alors à une scène touchante de tendresse où Naomi serre l'enfant sur son sein et où, par ce geste riche de symbole, elle signifie qu'elle l'adopte.

Et c'est bien ainsi que ses voisines comprennent ce mouvement en s'écriant : « Naomi a un fils ! » et lui donnent le nom évocateur de Obed, abréviation de Obadia qui signifie : le serviteur du Seigneur, un nom riche de sens attribué à celui qui sera le grand-père du roi David.

A ce stade de notre réflexion, et devant le parcours de Naomi qui de la détresse et de l'amertume est passée à la sérénité et à la plénitude, je ne peux m'empêcher de penser avec douleur à tous ceux et celles de nos proches qui ont pris le chemin de Moab, n'ayant pas su entretenir dans leur cœur la flamme de la foi que le vent de l'adversité ou de l'épreuve a réduit à l'état de lumignon.

Je pense à eux avec douleur car comme Naomi, ils sont amers et affligés, désabusés, sans véritable ressort, comme anesthésiés ou paralysés.

Mais, je pense aussi à eux avec espérance car, non seulement l'exemple de Naomi m'y autorise et m'y incite, mais aussi parce que la Parole de Dieu nous en ouvre grand les portes :

Matthieu ch 12 v 18,20 :

« Voici mon serviteur que j'ai choisi, mon bien-aimé en qui mon âme prend plaisir. Je mettrai mon esprit en lui, et il annoncera la justice aux nations. Il ne brisera pas le roseau cassé, et il n'éteindra pas le lumignon qui fume encore. »

Quelle est belle cette promesse de soins apportés par le Seigneur à ceux dont l'état spirituel est décrit avec tant de justesse et de délicatesse !

Prions et supplions le Seigneur pour que dans sa providence ces âmes souffrantes soient rendues sensibles à la bonne nouvelle :
« Vous pouvez revenir à Bethléem, il y a du pain pour tous ! Le Seigneur garde à jamais sa bonté et sa fidélité ! »

En ce qui concerne Naomi et Ruth, cette bonté dépasse largement dans ses effets le cadre seul de leur histoire personnelle.
Les derniers versets nous en donnent un aperçu qui, cependant, n'en dévoile pas toute la portée :

« Voici la liste des ancêtres de David à partir de Pérets :
Pérets fut le père d'Hesron. Hesron celui de Ram, Ram d'Aminabad, Haminabad de Nachon, Nachon de Salma, Salma de Boaz, Boaz d'Obed, Obed de Jessé, Jessé de David. »

Ainsi se termine le livre de Ruth par une généalogie succincte des ancêtres du roi David.

Merveilleuse histoire d'une jeune païenne qui fut touchée par la bonté du Dieu d'Israël et qui décida un jour de tout quitter pour aller dans le pays où on l'adorait.
« Ton Dieu sera mon Dieu !» avait-elle déclaré à Naomi. Cette parole monta jusqu'au trône de Dieu qui en fut ému.

« Ton peuple sera mon peuple !» Cette parole allait conduire l'Eternel à modifier l'échiquier sur lequel se joue l'histoire humaine en faisant de cette jeune Moabite l'aïeule du grand roi David !

Or, voici que la bonté de Dieu va honorer la foi, la bonté et la fidélité de sa jeune servante en inscrivant son nom au cœur de la généalogie la plus prestigieuse qui soit, celle-là même de son propre Fils, Jésus-Christ !

Car, en effet, les dix sept premiers versets de l'Evangile de Matthieu font apparaître le nom de Ruth parmi les aïeules du Fils de Dieu, du Roi des Rois.

4) L'importance des choix :

Nous ne mesurons pas toujours les conséquences que peuvent avoir sur l'avenir nos décisions personnelles !
Ce fut le cas de Ruth lorsqu'elle choisit de quitter Moab et nous en constatons les heureux rebondissements.
N'agissons donc pas avec légèreté, mais soyons conscients que le Seigneur peut changer le cours des choses, voire de l'histoire, alors même que notre condition semblable par sa faiblesse et son indigence à celle de Ruth, nous conduirait à penser que nous ne pouvons rien réaliser qui puisse avoir quelque importance ou quelque valeur.

N'oublions jamais que le Tout-Puissant, c'est l'Eternel et qu'Il a choisi les choses faibles et viles du monde pour confondre les fortes !

Dans l'orchestre symphonique que le Seigneur a choisi de diriger pour faire entendre au monde l'infinie richesse des harmoniques de son amour, chaque instrument contribue selon son timbre et sa sonorité à exprimer au moment voulu par le divin compositeur, la note ou la ligne mélodique qui donnera à l'œuvre tout son relief sonore.

Un compositeur de renom, dont j'ai oublié l'identité, avait inclus dans son œuvre une petite flûte appelé piccolo qui n'intervenait qu'une seule fois pour n'émettre qu'une seule note !

Les mélomanes avertis n'attendaient que l'instant où cette note aiguë allait surgir timide et puissante à la fois, s'extrayant dans sa fragilité qui faisait sa force du chœur général des autres instruments, pour donner à l'ensemble une couleur, un sens, une direction, une légèreté qui sans elle seraient passés inaperçus !

Ruth, la jeune Moabite, l'exilée, fut cette petite voix de piccolo que le Seigneur a utilisée pour faire entendre au monde la note unique, exceptionnellement douce et audible de sa grâce infinie.

De génération en génération, cette note s'est fait entendre, allant jusqu'à s'exprimer par la bouche même du descendant de Ruth, le fils même de Dieu, Jésus-Christ, qui agonisant sur la croix du Calvaire l'exprime dans un dernier souffle en ces termes surgis du milieu de la cacophonie haineuse de la foule enragée :
« Père, pardonne-leur, ils ne savent ce qu'ils font. »

Quelle force, cher lecteur, dans ces quelques mots prononcés dans des conditions où la faiblesse et la douleur se conjuguent avec la solitude et l'abandon !
Car ici, le Fils de Dieu ne joue pas sa partition dans l'harmonie et avec le soutien des autres musiciens, mais Il la joue tout seul au cœur d'un orchestre infernal qui traduit par ses dysharmonies, son anarchie musicale et ses débordements sonores, toute la haine insufflée par son satanique compositeur.

Mais, il fallait que Jésus-Christ fasse entendre cette note d'amour, de grâce et de pardon, dût-il en payer le prix par la mort, pour que s'inscrive dans les annales de l'histoire de l'humanité le souvenir de la venue sur terre du Fils de Dieu descendu ici-bas pour que nous entendions le chant d'amour de son Père, notre créateur !

Ainsi, comme Ruth et comme Jésus-Christ notre Maître, avons-nous notre partition à jouer au cœur de son Eglise, divin orchestre dirigé
par Dieu lui-même.
Il ne s'agit pas de jouer notre propre partition mais d'interpréter la ligne qu'il a écrite pour nous.
Prise isolément, elle peut paraître sans intérêt, fluette, peu attirante musicalement, mais, intégrée dans l'ensemble des autres instruments que sont nos frères et sœurs, alors quelle harmonie, quelles résonances, quels magnifiques accords, quel tempo !

C'est le tempo de l'amour qui résonne ici-bas et se propage en grandes ondes jusqu'aux pieds du trône de Dieu là où les anges sont prosternés en adoration, là où Jésus-Christ, notre Seigneur intercède pour nous !

5) *Survol panoramique du livre de Ruth :*

Nous voici arrivés au terme de notre méditation pour ouvrir notre dernier volet et évoquer quelques-unes des grandes leçons qui ont émergé au cours de nos rencontres.

Le livre de Ruth est marqué par deux mots-clés qu'il me plaît à rappeler et que nous devrions inscrire au frontispice de nos vies :
En hébreu : hèsed et émet , autrement dit : bonté et fidélité.

Bonté et fidélité de Dieu exprimées tout au long du cheminement de cette famille malgré le mauvais choix de son chef, Elimélek.

Famille qui traversa de dures épreuves puisque Elimélek et ses deux fils Maclon et Kiljon moururent à Moab en terre étrangère, mais le Seigneur veillait dans sa bonté.

Il permit à Naomi de revenir à Bethléem et lui donna une belle-fille aux qualités de cœur hors du commun. Il conduisit dans sa providence les pas de Ruth vers le champ de Boaz, goël potentiel. Il inclina le cœur de ce dernier à exercer son droit de rachat. Il accorda un fils à Ruth et du même coup un soutien pour Naomi. Il en fit l'aïeul du grand roi David et l'ancêtre de Jésus-Christ, son Fils !

Bonté et fidélité de Dieu qui agit de façon providentielle, nous rappelant que même dans la nuit la plus noire, même dans la détresse la plus profonde, même dans les situations les plus désespérées, Il est là, présent, Il veille sur nous et Il prépare les cœurs de ceux qu'Il va placer sur notre chemin pour nous conduire sur la voie du salut, du renouveau, de la liberté et de la joie retrouvées, de la réhabilitation, de la dignité !

Bonté et fidélité des hommes et des femmes qui aiment et servent le Seigneur :
A Moab, le témoignage d'amour de Naomi envers ses belles-filles étrangères a touché le cœur de Ruth et conquis son âme.
« Ton Dieu sera mon Dieu, ton peuple sera mon peuple. Là où tu iras j'irai, là où tu demeureras je demeurerai… ».
Telle est la réponse de l'amour reçu à l'amour donné !
N'oublions jamais que l'amour engendre l'amour et adonnons-nous à ce saint exercice sans réserve car ses conséquences ont une portée éternelle !

Bonté et fidélité de Ruth pour Naomi qui forcent l'admiration !
Son humilité, sa consécration, son obéissance, sa disponibilité vont rapidement être connues de tout le bourg de Bethléem et susciter les commentaires les plus élogieux.

Que le Seigneur nous accorde la grâce de tracer un tel sillon et d'y semer les graines de si hautes vertus !

Bonté et fidélité de Boaz dont la personnalité est remarquable à plus d'un titre.
Boaz qui n'a pas cédé aux sirènes de Moab au temps de la famine sévissant à Bethléem, « la maison du pain », mais qui est resté confiant en la fidélité de son Dieu.
Boaz qui a ouvert son cœur à Ruth, la glaneuse moabite, faisant fi des préjugés à l'égard de ce peuple ennemi, qui a pris soin d'elle et l'a assurée de sa protection.
Boaz qui s'est intéressé à son histoire personnelle et à sa souffrance de jeune veuve expatriée.
Boaz qui s'est engagé devant le Dieu vivant à user de son droit de rachat malgré les contraintes diverses liées à une telle démarche et qui a tenu sa promesse.
Boaz, l'exemple même du juste qui ne cache rien de sa vie au regard de Dieu et qui est attaché à la plus grande transparence.
Boaz, enfin, dont toute la vie est rythmée par le va-et-vient salutaire et équilibrateur entre la prière et l'action !

Bonté et fidélité de Dieu, bonté et fidélité de ses serviteurs !

C'est au cœur de ce cercle vertueux que notre Dieu nous invite à inscrire la trajectoire de nos vies, à faire entendre notre petite voix de concert avec tout ceux et celles qui, revenus du pays de Moab, se sont approchés de Béthléem, « la maison du pain », là où est né celui qui a dit ces paroles porteuses de vie éternelle :

« Je suis le pain de vie. Celui qui vient à moi n'aura jamais faim, et celui qui croit en moi n'aura jamais soif. »

Jean ch 6 v 35

Table des Matières

I) Ruth 1 v 1 à 5 : La problématique du choix 2
   1) Préambule :..3
   2) Le contexte historique, religieux et géographique :..4
   3) Une famille dans la difficulté :..9
   4) L'heure du choix :..10
   5) Le grand départ :...12
   6) Un regard sur l'histoire des Moabites :...13
   7) Les conséquences du choix d'Elimélek :..14
   8) Conclusion :..16

II) Ruth 1 v 6 à 18 : ne jamais désespérer :..17
   1) Le contexte :...17
   2) Naomi, « la gracieuse » devient Naomi « l'amère » :.......................................18
   3) Un changement radical de perspectives :...20
   4) Préparatifs de départ pour Bethléem : première surprise 21
   5) Le concept de la miséricorde de Dieu :..23
   6) Le choix d'Orpa :..25
   7) Le choix de Ruth :..26
   8) Les signes d'une nouvelle naissance :..29

III) Ruth ch 1 v 19 à 22 : le retour à Bethléem, en terre de Juda.....................................31
   1) Rappel :...31
   2) En marche vers le pays de Juda :..33
   3) Naomi, la dépressive ?..35
   4) Attitude à avoir avec les déprimés :...38
   5) Dieu prend toujours soin de ses enfants :...39

IV) Ruth ch 2 v 1 à 7 : la providence divine..42
   1) Rappel :...42
   2) L'arrivée d'un personnage providentiel nommé Boaz :...................................43
   3) Le glanage, une loi en faveur des plus pauvres :...43
   4) Leçon à tirer :...44
   5) Un Dieu providentiel :..44
   6) Un homme providentiel :..46
   7) Le maître et ses serviteurs : 49
   8) La bonté au cœur de cet épisode :..51
   9) Récapitulatif :...51

V) Ruth ch 2 v 8 à 12 : l'amour n'a pas de barrières 53
   1) Rappel : 53
   2) Petites lumières dans la nuit : 54
   3) Une rencontre prometteuse : 55
   4) Boaz, un exemple à suivre : 57
   5) Quelques leçons à tirer : 57
   6) Application pour notre temps : 59
   7) Prière : 61
   8) La psychologie de l'amour : 62
   9) La prière efficace selon le cœur de Dieu : 65
   10) Conclusion : 65

VI) Ruth ch 2 v 13 à 23 : la compassion 67
   1) Rappel : 67
   2) La compassion : un acte de guérison : 68
   3) Leçon : 69
   4) Un tandem indissociable : obéissance à Dieu et générosité : 70
   5) L'hospitalité, premier geste d'intégration : 71
   6) Le goël et le droit de rachat : 75
   7) La générosité au cœur de l'acte de rachat : 77
   8) Conclusion : 78

VII) Ruth ch 3 v 1 à 17 : une rencontre décisive 79
   1) Rappel : 79
   2) Naomi, une femme d'expérience et de cœur : 80
   3) La rencontre entre Ruth et Boaz : 83
   4) Dieu au centre de la vie de Boaz : 86
   5) Une attente confiante : 87
   6) Conclusion : 89

Ruth ch 4 v 1 à 12 : le rachat, fruit de la générosité : 90
   1) Rappel : 90
   2) La fin heureuse du suspense : 91
   3) Les raisons du revirement du premier goël : 93
   4) Les raisons du choix de Boaz : 94
   5) Boaz et Jésus-Christ, mis en perspective : 96
   6) Les conséquences du choix d'Adam : 97
   7) La question du choix à nouveau posée : choix de Dieu, choix de l'homme : 98
   8) Le rachat de Jésus-Christ, infiniment supérieur à celui de Boaz : 101
   9) Boaz, un témoin fidèle : 102
   10) Conclusion : 102

IX) Ruth ch 4 v 13 à 21 : la bonté et la fidélité à l'honneur..................104
   1) Prologue :...104
   2) Rappel des derniers évènements :..105
   3) l'épilogue du livre de Ruth :..106
   4) L'importance des choix :..110
   5) Survol panoramique du livre de Ruth :...112

Oui, je veux morebooks!

I want morebooks!

Buy your books fast and straightforward online - at one of the world's fastest growing online book stores! Environmentally sound due to Print-on-Demand technologies.

Buy your books online at

www.get-morebooks.com

Achetez vos livres en ligne, vite et bien, sur l'une des librairies en ligne les plus performantes au monde!
En protégeant nos ressources et notre environnement grâce à l'impression à la demande.

La librairie en ligne pour acheter plus vite

www.morebooks.fr

OmniScriptum Marketing DEU GmbH
Heinrich-Böcking-Str. 6-8
D - 66121 Saarbrücken
Telefax: +49 681 93 81 567-9

info@omniscriptum.com
www.omniscriptum.com

www.ingramcontent.com/pod-product-compliance
Lightning Source LLC
Chambersburg PA
CBHW031155160426
43193CB00008B/377